GOLDMANN
RATGEBER

W0056058

Buch

Leo Buscaglia sagt, es ist die Bestimmung des Menschen, ein Leben lang an der Verwirklichung der individuellen Persönlichkeit und ihrer Fähigkeiten zu arbeiten. Mit diesem Buch hat er sich zum Ziel gesetzt, das allgemein Menschliche zu würdigen und einen historischen Überblick über die ethischen Grundlagen zu geben, die das Verhalten des Menschen bestimmen.

Zunächst geht er auf die verschiedenen Entwicklungsstufen des Lebens und die damit verbundenen Stadien der Persönlichkeitsentwicklung ein. Anschließend vergleicht er die Grundauffassungen der großen Weltreligionen über die voll ausgereifte Persönlichkeit. Und schließlich setzt er sich mit den Sinnfragen und Lebensentscheidungen auseinander, die die reife Persönlichkeit beschäftigen. Ein Buch, das Mut macht, sich bewußt auf die Vervollkommnung des eigenen Menschseins einzulassen.

Autor

Dr. Leo Buscaglia lehrt an der Universität von Südkalifornien und ist in den USA durch Rundfunk und Fernsehen sehr populär. Seine Bücher sind sowohl in seiner Heimat USA als auch in Europa außerordentlich erfolgreich.

Im Goldmann Verlag liegen von Leo Buscaglia vor
Das Elixier des Lebens, 14021
Einander lieben, 14039
Leben-lieben-lernen, 10362
Liebe das Leben – das Leben liebt dich!, 13582

LEO BUSCAGLIA

Ganz Mensch sein

*Die Kunst, mit sich selbst
Freundschaft zu schließen*

Aus dem Amerikanischen
von Hans Jürgen Baron von Koskull

GOLDMANN VERLAG

Originaltitel: Personhood
Originalverlag: Charles B. Slack, Inc./Holt, Rinehart and Winston,
New York

Der Goldmann Verlag
ist ein Unternehmen der Verlagsgruppe Bertelsmann

Made in Germany · 1. Auflage · 10/92
© der Originalausgabe 1978 by Leo F. Buscaglia
© der deutschsprachigen Ausgabe 1985 by
Wilhelm Goldmann Verlag, München
Umschlaggestaltung: Design Team München
Umschlagillustration: Funke, München
Druck: Elsnerdruck, Berlin
Verlagsnummer: 13655
SD · Herstellung: Stefan Hansen
ISBN 3-442-13655-5

Inhalt

Ich widme dieses Buch allen jenen, die sich noch vor
ihrem Tode selbst begegnen wollen.
Deshalb ist es dem LEBEN und den
MENSCHLICHEN WESEN gewidmet,
die sich darum bemühen,
ihrem Leben eine besondere
Bedeutung zu geben.

Das Selbst, das wir heute sind, enthält das Verwirklichungspotential, das uns ganz erfüllen wird.

Vorwort

Heute erkenne ich, daß nichts auf der Welt dem Menschen unangenehmer ist als den Weg zu gehen, der zu ihm selbst führt.

Hermann Hesse, *Demian*

Schon im 6. Jahrhundert v. Chr. hat sich der sehr humane Philosoph Konfuzius beklagt:

Warum schafft sich die Welt so viele Sorgen? Alle Wege führen zum gleichen Ziel. Alle Gedanken kommen zum gleichen Schluß. Warum macht sich die Welt so viele Sorgen?

Diese sehr menschliche Frage beunruhigt uns auch noch heute und überschattet unser tägliches Leben. Und es ist äußerst ernüchternd festzustellen, daß wir nach Jahrtausenden der Antwort noch nicht nähergekommen sind. Immer noch mißhandeln und töten wir uns und andere. Es hat den Anschein, als ob wir zunehmend die Freude an der Spontaneität und die wunderbare Beziehung zur Spiritualität verlieren würden. Es scheint, als seien wir nicht mehr in der Lage zu erkennen, daß wir Teil von allem und jedem sind, und wir haben uns in Egozentrik und Provinzialismus zurückgezogen. Deshalb sind wir und die Welt, in der wir leben, immer noch ein zum größten Teil nicht verwirklichtes Potential. Wir alle sind viel weniger als das, was wir sein könnten.

Das Leben gleicht einem großen Wandteppich, auf dem auch nicht der kleinste Teil unausgefüllt bleiben darf, wenn wir es in seiner sublimen Ganzheit erfahren wollen. In diesem Sinne ist kein einziges Leben mehr oder weniger bedeutungsvoll als ein anderes, und keiner von uns trägt mehr oder weniger Verantwortung; denn in jedem von uns liegt ein wesentlicher Teil des Ganzen. Wenn wir nicht *alle* die Verantwortung übernehmen, unser Leben zu verwirklichen, indem wir als voll funktionsfähige Persönlichkeiten leben, werden wir die lange Geschichte der unwiederbringlich versäumten Gelegenheiten fortsetzen, die allein das Bild auf dem großen Wandteppich vervollständigen könnten. Wir werden fortfahren, uns und anderen Kummer zu bereiten, uns Sorgen zu machen, und die Frage des Konfuzius wird weiterhin unbeantwortet bleiben.

Diese Arbeit ist nur ein zaghafter Versuch, die Entfaltung der Persönlichkeit zu feiern, jenes sehr menschlichen Zustandes, der allein, wenn er vollständig und aktiv im Leben verwirklicht wird, die Schönheit, die Kraft und die Bedeutung unserer Existenz zur Wirkung bringen kann. Dieses Thema ist so umfassend und großartig, daß viele meine knappe Aussage als unwesentlich, unbestimmt und enttäuschend unvollständig ansehen mögen. Damit haben sie wahrscheinlich recht.

Je mehr ich über die Menschen und die Welt, in der ich lebe, erfahre, desto weniger scheint es mir gelingen zu wollen, anderen zu vermitteln, was ich erfahren habe. Das hier Geschriebene mag deshalb primitiv wirken, und man wird mir vielleicht sagen, es sei nur eine Wiederholung dessen, was andere schon oft gesagt haben. Da ich schließlich unbedingt mit so vielen Menschen wie möglich in Verbindung treten möchte, hätte es eine Einengung meiner Perspektive bedeutet, wie ein Gelehrter zu schreiben, selbst wenn ich das gekonnt hätte. Man mag mir daher vorwerfen, ich verwendete einen beleidigend simplen Stil. Sei's drum! Außerdem gebe ich ehrlich zu, daß in diesem Buch meine persönlichen Vorurteile, Gefühle und Wertmaßstäbe zum Ausdruck kommen. Meine Arbeit wird die ungeschminkte Liebe, die Achtung und den Optimismus zeigen, die ich für die menschliche Persönlichkeit empfinde, ebenso meine Spannung und dazu die großen Hoffnungen, die ich in die Zukunft setze. Ich habe das alles als Anregung und Herausforderung für Menschen geschrieben, die sich auf dem Weg zur Entdeckung des Selbst, zur Selbstachtung, zur Entwicklung der

Persönlichkeit, zur Veränderung und Selbstverwirklichung befinden. Meine Absicht ist es, ein kleines, zartes Samenkorn auszustreuen und es dem Wind zu überlassen, wohin er es tragen will. Ein möglicher Anfang. Es wird entweder wachsen oder sterben, und das wird davon abhängen, wohin es fällt und welche Nahrung es dort findet.

Loren Eiseley beschreibt unsere Welt als einen Ort, »wo sogar eine Spinne nicht bereit ist, sich zum Sterben hinzulegen, wenn sich noch ein Faden bis zu einem Stern spinnen läßt«.

Es gibt Menschen, die – wie die Spinne – nicht aufhören, ihren Faden weiterzuspinnen, auch wenn es viel klüger scheinen mag, jede Hoffnung aufzugeben. Unser Faden ist vielleicht zart, aber wir können ihn dennoch mit Optimismus, Wißbegier, Staunen, Liebe und dem aufrichtigen Verlangen weiterspinnen, bis zu den Sternen hinaufzureichen. Unser Ziel ist der Mühe wert; der Stern, nach dem wir greifen, ist die volle Verwirklichung des Menschlichen in uns allen.

Ich bin zutiefst davon überzeugt, daß unsere einzige Hoffnung in dem unaufhörlichen Streben nach der Verwirklichung aller Fähigkeiten eines jeden Lebewesens liegt. Es ist die große Herausforderung unseres Lebens, uns selbst zu finden, zur vollwertigen Persönlichkeit zu werden, und das ist auch das Thema dieses Buches.

Einführung

Wie viele Straßen zwischen den Sternen muß der Mensch auf der Suche nach dem letzten Geheimnis zurücklegen? Es ist eine beschwerliche, sehr weite und manchmal sogar unmögliche Reise, und doch werden sich einige von uns nicht von dem Versuch abhalten lassen... Man könnte sagen, wir hätten uns der Karawane an einem bestimmten Punkt angeschlossen; wir werden sie so weit wie möglich begleiten, aber wir können in einem Menschenleben nicht alles sehen, was wir gern sehen würden, und nicht alles erfahren, was wir erfahren müßten, um unseren Wissensdurst zu stillen. –

> Loren Eiseley,
> *Von der Entstehung des Lebens und der Naturgeschichte des Menschen*

Das Leben ist eine »Reise ins Grenzenlose«, und jedem von uns steht dafür nur die Zeit seines irdischen Lebens zur Verfügung. Wir folgen dem gewundenen Pfad unseres Lebens, während wir selbst uns unaufhörlich verwandeln und wachsen, immer wieder eine neue Richtung einschlagen und Dinge tun, die wir nie wieder ungeschehen machen können; denn wir können den Weg, der hinter uns liegt, nicht zum zweitenmal gehen. In jedem Augenblick kommen wir dem Ende der Reise unmerklich ein Stück näher, und wenn wir es erreicht haben, dann erscheint uns die Reise in der Erinnerung als ein schwer durchschaubares, verworrenes Ereignis – unerklärlich wie ein Traum, aus dem wir aufgeschreckt sind. Sie vermittelt uns ein Gefühl, aber was wir erlebt haben, ist unserem Gedächtnis zur Hälfte entschwunden und scheint keinen rechten Sinn gehabt zu haben.

Und doch begibt sich ein jeder von uns auf diese einzigartige Reise.

Ich selbst habe eine gute Reise hinter mir. Die Kindheit war eine Zeit wunderbarer Entdeckungen, die Jugend hat mir schmerzliche, aber aufregende Erfahrungen gebracht, und als Erwachsener hat sich mein Leben gefestigt. Ich habe einen Beruf ergriffen, der mir viel bedeutet und meine ganze Freude ist. Dabei haben sich für mich ungezählte lohnende und herausfordernde Gelegenheiten ergeben. Im Lauf der Zeit habe ich alle nordamerikanischen Staaten und alle Kontinente der Welt bereist. Und ich habe die Freude gehabt, geistigen Austausch sowohl mit Kindern als auch mit gelehrten, weisen alten Männern zu pflegen.

Dieses Leben hat mich in engen Kontakt mit völlig verschiedenen Kulturen und Menschen gebracht. Ich habe Bauern in abgelegenen tropischen Dörfern und weltkluge Intellektuelle in komplexen Kulturen kennengelernt.

An einem sonnendurchglühten, heißen Nachmittag sah ich während einer Busreise in Südindien eine Frau. Sie trug einen verblichenen Sari und ging aufrecht, stolz und entschlossen neben der Straße her. Auf dem Kopf trug sie ein schweres, großes Wassergefäß. Die Wüste um sie her dehnte sich bis zum Horizont aus. Man konnte nicht sehen, woher sie kam oder wohin sie ging, und sie schien das Wasser zur untergehenden Sonne zu tragen. Sie blieb einen Augenblick stehen, und unsere Augen trafen sich. Wir *erkannten* einander.

Ein prächtiger, zahnloser alter Bauer in Nepal nahm mich für eine Nacht in seinem Hause auf. In der strohgedeckten Hütte waren seine Familie, die Ackergeräte und das Vieh untergebracht. Wir konnten uns nur durch Zeichen, ein Lächeln, Blicke und eine flüchtige Berührung verständigen. Er hatte keine Ahnung, wo Amerika lag, hatte noch nie mit einem Menschen aus dem fernen Westen gesprochen und war noch niemals mit einem Auto gefahren. Er wußte nichts von der Geschichte, interessierte sich nicht für Politik und kannte nichts anderes als das Leben im Dorf. Und doch hat uns einen Abend lang ein herzliches Gefühl der Zuneigung verbunden. Als es

Zeit wurde, Abschied zu nehmen, wußten wir, daß wir uns wohl nie wiedersehen würden. Arm in Arm gingen wir bis ans Ende des Dorfes und weinten. Das Band zwischen uns ist bis heute nicht zerrissen.

Ein junger, eifriger Geschäftsmann führte mich an einem nebligen Nachmittag durch die von Smog verpesteten Straßen Tokios zu einem Haus, das ich allein nicht hätte finden können. Er machte einen kilometerweiten Umweg, um mir zu helfen. Während der kurzen Zeit, in der wir zusammen waren, sprachen wir kaum ein Wort miteinander. An meinem Ziel angekommen, verbeugten wir uns voreinander, und er ging rasch seines Weges. Ein Teil von mir begleitete ihn.

In Brooklyn, New York, kam ein junger Mann nach einem meiner Vorträge mit leuchtenden Augen zu mir. Er erklärte, er wisse jetzt, weshalb er rebellieren müsse. Jetzt habe er ein Ziel – er müsse sein eigenes Potential ausschöpfen! Wir hatten also das gleiche Ziel und umarmten uns. Ich habe den jungen Mann bis heute nicht vergessen.

Ein Kind in einem Kindergarten, in dem ich unterrichtet hatte, stand neben mir, als ich mir in der Schulkantine das Mittagessen geben ließ, sah mich mit großen Augen an und fragte: »Mußt du auch essen?« Das kleine Mädchen war entzückt, als ich in schallendes Gelächter ausbrach. Wir erlebten, wie schön es ist, sich miteinander zu freuen, und ich spüre diese Freude zum zweitenmal, wenn ich mich heute an diesen Vorfall erinnere.

In den wenigen Sekunden unserer Begegnung war ich jene indische Frau, und ich bin es noch; ich war jener nepalesische Bauer, jener japanische Geschäftsmann, jener New Yorker Student und jenes Kind aus dem Kindergarten. Eines hat uns alle verbunden: die Tatsache, daß wir Menschen sind. Wenn wir auf der Ebene des Intellekts nicht zueinanderfinden konnten, stellten unsere Herzen die Verbindung her. Wenn uns die

Sprache Rätsel aufgab, wurden sie von unseren Augen und Händen gelöst.

Alle Menschen, denen ich begegnet bin, haben sich, so verschieden sie auch sein mochten, mehr oder weniger erfolgreich auf ihre grenzenlose Reise begeben. Eine von ihnen leben in der Welt technischer Wunder, andere in der Welt primitiver Magie; einige leben im materiellen Überfluß, andere unter denkbar einfachen Umständen und manchmal sogar in verzweifelter Armut; einige haben eine gründliche akademische Ausbildung genossen, anderen stehen nur ihre natürlichen geistigen Gaben und ihre persönliche Erfahrung zur Verfügung. Aber alle haben eines gemeinsam: Sie sind Menschen und entschlossen, zu überleben, ihre Erfahrungen zu machen, zu lieben und geliebt zu werden, ihre Einsamkeit und Isolation zu überwinden, kreativ zu sein, um das Leben für sich und die Menschen, die sie lieben, besser und schöner zu gestalten und zu versuchen, ihre Welt und die Rolle zu begreifen, die ihnen darin zugedacht ist. Und alle diese Menschen müssen sich der Tatsache stellen, daß sie sterben werden. Ob sie es wollen oder nicht, jeder einzelne ist gezwungen, die Herausforderung seiner persönlichen Reise anzunehmen, ausgerüstet mit den geistigen und materiellen Gaben, die ein jeder mitbekommen hat, und wissend, daß das Ende für sie alle das gleiche sein wird.

Offensichtlich waren viele dieser Menschen auf ihrer Reise erfolgreich. Sie schienen die Einzigartigkeit dessen, was ihre Persönlichkeit ausmachte, begriffen zu haben, und das war genug. Andere haben versagt.

Jeder dieser Menschen war Teil der Geschichte der ganzen Menschheit, aber sie alle waren auch Teil jener Geschichte, die nur ihr persönliches Leben schreiben konnte. Denn in einem jeden von ihnen und in der Welt, in der sie lebten, bedeutete die Zukunft viel mehr als die Vergangenheit. Es war ihre Persönlichkeit, die in jedem Augenblick die Welt für sie erschuf und neu gestaltete.

Ist irgend jemand eine weniger menschliche Persönlichkeit, weil sein Leben mehr oder weniger komplex, mehr oder weniger zivilisiert ist oder anders verläuft als das anderer Menschen? War der Weg dieser Menschen ebenso bedeutungsvoll wie der Weg, den ich gegangen bin? Hatte Konfuzius recht, wenn er behauptete, unser Denken werde uns zu den gleichen Schlüssen, unsere Straßen würden uns an den gleichen Ort führen, welchen Weg wir auch einschlagen mögen?

Jahrhundertelang haben Menschen wie wir ebenso wie die großen religiösen Führer, die Philosophen, die Wissenschaftler und Erzieher geforscht und über die unaufhörliche Suche des Menschen nach menschlichen Antworten auf diese Fragen nachgedacht.

Abraham Maslow hat sich darüber beklagt, daß es »teuflisch schwierig« sei, solche Antworten auf dem Wege wissenschaftlicher Untersuchungen zu finden, aber er hat doch viel getan, unsere quälenden Fragen zu rechtfertigen, und sich darum bemüht, sie in einer menschlichen Sprache zu beantworten. Er beschreibt die Universalität der menschlichen Natur, die Gemeinsamkeit unserer Erfahrungen, unseres Bemühens um Selbstverwirklichung, unserer Bedürfnisse und Unzulänglichkeiten. Im Lauf seines Lebens hat er mit ungezählten Beispielen den wissenschaftlichen Nachweis dafür erbracht, daß wir als menschliche Wesen ein »besonderes Innenleben« führen. Er hat sich ständig um die Beantwortung der Frage bemüht, weshalb einige von uns das werden konnten, was wir [eigentlich] sind, und weshalb andere es offensichtlich nicht »geschafft« haben. Er schreibt:

> Nur ganz wenige Menschen gelangen dahin, ihre Identität, ihr Selbst, den ganzen Menschen in sich voll zum Ausdruck zu bringen, und das sogar in einer Gesellschaft wie der unseren, die eine der relativ am meisten begünstigten auf diesem Planeten ist. Das ist der große innere Widerspruch. In uns lebt der Drang und die Kraft, unsere Menschlichkeit voll zu entfalten. Warum geschieht das dann nicht häufiger?[1]

[1] Diese Ziffern beziehen sich auf Anmerkungen am Ende des Buches

In den folgenden Kapiteln werden wir das allgemein Menschliche würdigen und versuchen, einen historischen Überblick über die ethischen Grundsätze zu geben, die das Verhalten des Menschen bestimmen. Wir werden über die Frage nachdenken, was dazu gehört, in der heutigen Gesellschaft ein ganzer Mensch zu sein. Schließlich werden wir uns der größten Herausforderung stellen, vor der jeder steht, der sich selbst und sein Leben bis zu seinem Tode so vollständig erfahren will, wie dies möglich ist. Wir sollten das tun, um vielleicht das zu vermeiden, wovor uns der große religiöse Führer Mahatma Gandhi in seiner Autobiographie warnt:

Ich kenne den Aberglauben, der sagt, daß die Selbstverwirklichung nur im vierten Lebensstadium möglich sei, das heißt im Stadium der Sannyasa (Entsagung). Aber jeder weiß, daß diejenigen, welche die Vorbereitung auf diese unschätzbare Erfahrung auf das letzte Lebensstadium verschieben, nicht zur Selbstverwirklichung finden, sondern ein Greisenalter erleben, das nichts anderes ist als eine zweite beklagenswerte Kindheit, in welcher der Mensch nur noch als eine Last für seine Mitmenschen auf dieser Erde lebt.[2]

1.
Der Anfang

Aber wo sollte ich anfangen? Die Welt ist so groß. Deshalb werde ich mit dem Land beginnen, das ich am besten kenne, mit meinem eigenen. Aber auch mein Land ist sehr groß. Ich beginne deshalb am besten mit meiner Vaterstadt. Aber auch meine Vaterstadt ist groß. So werde ich lieber mit meiner Straße, nein, mit meinem Elternhaus, nein, mit meiner Familie beginnen. – Nein! Vergessen wir das alles! Ich werde bei mir selbst anfangen.

Elie Wiesel, *Souls on Fire**

---

* In wörtlicher Übersetzung: »Brennende Seelen«

Bei unserer Geburt erhalten wir das größte Geschenk – das Leben – und als erstes Geburtstagsgeschenk eine phantastische Welt, in der wir leben dürfen. So sehr wir diese Gaben auch gelegentlich mißbrauchen und geringschätzen, sie werden immer unser unveräußerlicher und wertvollster Besitz bleiben. Doch wie Thoreau in *Walden* sagt, respektieren die meisten von uns das Leben so wenig, daß wir das Ende dieses Lebens erreichen, ohne je wirklich gelebt zu haben. Erich Fromm hat der gleichen Befürchtung Ausdruck verliehen, als er sagte, die größte Tragödie in diesem Leben sei die Tatsache, daß die meisten Menschen sterben müßten, bevor sie ganz geboren seien.

Meine Eltern haben instinktiv erkannt, daß die Gestaltung des eigenen Lebens eine Kunst ist, deren Ausübung einem die größte Freude bereitet. Nach außen hin hatten sie eigentlich keinen besonderen Anlaß zur Freude. Sie waren arme italienische Einwanderer, die versuchten, in einem fremden Land ohne Freunde ein neues Leben zu beginnen. Sie beherrschten weder die Sprache noch verfügten sie über die Bildung, die es ihnen erleichtert hätte, sich dem neuen Kulturkreis anzupassen, aber sie stellten sich mutig dieser Herausforderung und packten das neue Leben mit Hingabe, Liebe, Vertrauen und sehr viel Humor an.

Sie bezogen ein bescheidenes kleines Haus, versahen es mit einem rosafarben-weißen Anstrich, und schon nach wenigen Monaten blühten auf den Gartenbeeten die Blumen und grünte das Gemüse.

Als erste akzeptierten die Vögel ihre neuen Nachbarn, denn sie konnten sich darauf verlassen, daß Papa ihren Futterplatz stets mit frischem Wasser und nahrhaften Sonnenblumenkernen versorgte.

Mamas Kochkunst wurde von allen bewundert. Ihre Gnocchi und Ravioli zergingen einem auf der Zunge. Unübertrefflich waren ihr Risotto à la Milanese und die Polenta, die sie mit einer Engelsgeduld unendlich lange zu rühren verstand. Der köstliche Duft aus ihrer Küche nach Knoblauch, Anchovis und im Kochtopf brutzelndem Olivenöl ließ unseren Nachbarn im weiten Umkreis das Wasser im Munde zusammenlaufen. Mama liebte die klassische Musik und hatte die Stimme einer Opernsängerin. Wenn man in ihre großen, sanften Augen blickte, fühlte man sich von ihr angenommen.

Meine Eltern haben ein bescheidenes, unauffälliges Leben geführt. Jeder Tag begann mit einer Riesenportion Milchkaffee zum Frühstück und endete mit einem gemeinsamen Spaziergang Arm in Arm durch die Straßen der Nachbarschaft. Sie akzeptierten Kummer, Leid und Tod mit der gleichen Herzenswärme wie Freude und Geburt – wie einfach das Leben überhaupt.

Meine Eltern waren mehr als sechzig Jahre miteinander verheiratet. Mama starb mit 82, Papa mit 86 Jahren. Am Ende ihres Lebens war Mama fast ebenso schön wie im Spitzenkleid auf ihrem Hochzeitsfoto. Papa war noch mit 86 Jahren schlank, aktiv und vital. Als er erfuhr, daß er nicht mehr lange zu leben hatte, wünschte er sich einen letzten kurzen Ferienaufenthalt am Strand nördlich von San Francisco, um noch einmal eine vertraute Atmosphäre wie im alten Italien zu genießen. Dann bat er darum, ein Wochenende in Las Vegas verbringen zu dürfen, um noch einmal sein Glück an den Fünf-Cent-Spielautomaten zu versuchen. Diese beiden Wünsche wurden ihm erfüllt.

Er liebte das Leben so sehr, daß er, als er im Verlauf seiner Krankheit erblindete, noch sagen konnte: »Das ist schon in Ordnung. Wenn ich noch ein wenig länger leben darf, dann kann ich mich immer noch in meinem Garten zurechtfinden und die Vögel füttern.«

In einer so von Leben erfüllten Umgebung bin ich aufgewachsen. Natürlich war es nicht immer leicht. Wir haben auch Tränen und Verzweiflung kennengelernt, und hätte es in unserem Haus nicht die Musik und das Lachen gegeben, hätten wir nicht Papas Blumengarten und Mamas köstlichen aus altem Brot und Kohlblättern bestehenden Auflauf gehabt, dann wäre es uns vielleicht nicht gelungen, Leib und Seele zusammenzuhalten.

Aber ich habe einen guten »Start« gehabt, und die Kräfte, die mir geholfen haben, sind im Lauf der Jahre immer stärker geworden. Ich habe gelernt zu lieben. Ich habe gelernt, leidenschaftlich zu empfinden und diese Empfindungen auszudrükken, ohne mich zu schämen. Ich habe gelernt zu lachen. Ich habe gelernt zu sehen. Ich habe gelernt zuzuhören. Ich habe gelernt, mit anderen zu fühlen. Ich habe gelernt, für die Welt, in der ich lebe, Verantwortung zu übernehmen. Ich habe gelernt, aus jedem Tag ein neues Abenteuer werden zu lassen. Ich habe gelernt, daß es ein Privileg ist, zu nehmen, was das Leben schenkt, und daß ich dafür verantwortlich bin, dem Leben das zu geben, was an mir selbst einzigartig und unwiederholbar ist.

Es ist mir nie in den Sinn gekommen, daß meine Familie und ich eine besondere Lebensart hatten. Für uns kam es nur darauf an, vollständig als die einzigartigen Menschen zu leben, die wir waren. Als junger Mensch bin ich niemals auf die Idee gekommen, daß ich eine andere Wahl gehabt hätte, daß es einen freien Willen oder die Möglichkeit der Selbstverwirklichung gebe. Ebenso wie die Menschen meiner Umgebung habe ich einfach das Leben umarmt, und alles andere war die natürliche Folge dieser Hinwendung zum Leben.

Seither habe ich im Verlauf meiner Ausbildung, meiner Arbeit und meines täglichen Lebens manches unsanfte Erwachen erlebt. Die meisten Menschen sind nicht glücklich und rechnen auch nicht damit, es in diesem Leben zu werden. Die Statistiken über Geisteskrankheiten zeigen eine erschreckende Zunahme der Zahl von Personen, die stationär oder ambulant wegen ihres Geisteszustandes behandelt werden müssen. In den 324 staatlichen und städtischen Nervenkliniken der Vereinigten Staaten sind etwa 300000 Patienten untergebracht. Mehr als 200000 Leute werden ambulant behandelt. Etwa 125000 chronisch depressive Menschen bedürfen dringend der Behandlung, die ihnen jedoch nur gelegentlich oder gar nicht zuteil wird. Man schätzt, daß jeder siebte Amerikaner vor der Erreichung des mittleren Alters der psychologischen Behandlung bedarf. Es gibt mehr als 1200000 emotional gestörte Kinder und Jugendliche im Alter zwischen fünf und neunzehn Jahren. Einigen von ihnen wird notdürftig geholfen, aber die meisten müssen allein mit ihren Schwierigkeiten fertig werden.

Jedes Jahr nehmen sich 50000 Männer und Frauen in den Vereinigten Staaten das Leben. Auf jeden vollendeten Selbstmord kommen acht bis zehn Selbstmordversuche. Die Zahl dieser verzweifelten Menschen nimmt in besorgniserregender Weise zu. Zu den meisten Selbstmorden kam es bisher in der Altersklasse von 65 Jahren und darüber; doch in letzter Zeit nimmt die Selbstmordrate bei den Jugendlichen zwischen 10 und 15 Jahren in erschreckender Weise zu!

Die Zahl der Scheidungen ist so stark angestiegen, daß man den Eindruck hat, die moderne Ehe werde nur noch auf Probe geschlossen und habe für viele kaum noch eine wirkliche Bedeutung. In einigen Staaten [von Amerika] liegt die Zahl der Scheidungen sogar über derjenigen der Eheschließungen.

Kindesmißhandlung ist zur Seuche geworden. Sie ist die Hauptursache für die stationäre Behandlung von Kindern in Krankenhäusern. Immer wieder hört man davon, daß Eltern ihren Kindern durch Schläge schwere Gehirnschäden beigebracht, sie mit Zigaretten verbrannt, mit kochendem Wasser verbrüht oder auf andere Weise grausam gequält haben.

In meinem Alter sollten mich solche Dinge eigentlich nicht mehr schockieren, aber sie sind mir bis heute unverständlich. Ich kann nicht begreifen, daß sich die Menschen, wenn sie zwischen Freude und Verzweiflung wählen können, so oft für die Verzweiflung entscheiden. Ich komme täglich mit Personen zusammen, die einen vollkommen unlebendigen und erschreckend apathischen Eindruck auf mich machen. Am beunruhigendsten ist die Tatsache, daß sie keinerlei Achtung vor ihrer eigenen Persönlichkeit zeigen. Die meisten von ihnen sind mit sich selbst und ihrer Stellung im Leben unzufrieden und würden, wenn sie es könnten, jemand anders sein und ein anderes Leben führen. Sie mißtrauen ihren Mitmenschen und versuchen, ihre eigene Persönlichkeit zu verbergen, obwohl sie sich schmerzlich des Vorhandenseins dieser Persönlichkeit bewußt sind. Sie scheuen jedes Risiko, es mangelt ihnen an Vertrauen, und sie lehnen jede Hoffnung als romantischen Unsinn ab. Augenscheinlich ziehen sie es vor, in ständiger Sorge, in Furcht und mit schlechtem Gewissen zu leben. Sie scheuen sich, in der Gegenwart zu leben, und der Gedanke an die Vergangenheit ist ihnen nahezu unerträglich. Sie sind zu zynisch, um anderen zu vertrauen, und zu mißtrauisch, um andere zu lieben. Sie beklagen ihr Schicksal mit negativen und bitteren Worten und beschuldigen einen gleichgültigen Gott, neurotische Eltern oder eine kranke Gesellschaft, sie in eine Hölle gestoßen zu haben, in der sie sich rettungslos verloren fühlen. Sie sind sich ihres Potentials entweder nicht bewußt oder sind nicht bereit, es zu akzeptieren, und flüchten sich in die von ihnen selbst gezogenen engen Grenzen. Die meisten von ihnen verschwenden ihre Zeit, als hätten sie ewig zu leben, und scheinen sich nie wirklich darum zu bemühen, aus ihrer verzweifelten Situation herauszukommen.

Sie ignorieren die Tatsache, daß die Zeit unwiederbringlich vergeht und daß niemand diese Welt lebendig verlassen kann. Sie betrachten das Dasein als eine Periode zwischen einer ungewollten Geburt und einem Tode, der sie zutiefst schreckt und beunruhigt – als eine Periode, die sie möglichst schmerzfrei hinter sich bringen wollen. Dabei ist es ihnen relativ gleichgültig, womit sie ihre Tage ausfüllen und ob es ihnen gelingt, ihre Persönlichkeit zur Entfaltung zu bringen. Sie beschäftigen sich mit vagen Spekulationen über das Leben nach dem Tode, die Reinkarnation und eine neue Zusammensetzung der Kräfte, welche das Leben ausmachen, vergessen aber dabei das Wesentliche – daß sie nämlich jetzt und in diesem Augenblick am Leben sind, daß sie dieses Leben jetzt führen müssen, daß alles, was sie heute sind, nicht das Ganze ist, sondern nur das Fundament, mit dem sie arbeiten müssen, um morgen einen ganzen Menschen aus sich zu machen. Sie vergessen, daß sie in jedem Augenblick wiedergeboren werden können, um ihr Leben neu zu ordnen und es mit Frieden, Freude und Liebe zu erfüllen.

Es darf uns nicht überraschen, daß sie sich vor diesen Einsichten scheuen. Sie haben zu wenig über Veränderung, Freude und Wachstum gelernt. Das Leben ist für sie seit jeher ein zu unbestimmter metaphysischer Zustand gewesen. Wissenschaftler und Erzieher vermeiden es, sich näher mit diesem Thema zu beschäftigen. Sie überlassen das lieber wortreichen Philosophen und mystisch ausgerichteten Dichtern. Die philosophischen und poetischen Schlüsse, zu denen solche Leute kommen, mögen für manche zwar zeitweise faszinierend sein, wirken aber oft wie vieldeutige und sinnlose semantische Spielereien, die den Menschen nur verwirren und kaum die »harten Tatsachen des Lebens« widerspiegeln.

Während der vergangenen zwanzig Jahre ist man bei der Erforschung des menschlichen Lebens neue Wege gegangen. Die Verhaltensforscher beschäftigen sich heute immer eingehender mit der Beobachtung des praktischen Lebens und des menschlichen Verhaltens in der Routine des Alltags. Sie haben den Versuch unternommen, das emotionale Wachstum nachzuzeichnen, die Unterschiede im Lebensstil der verschiedenen Menschen zu erforschen, die Qualität verschiedener emotionaler Phänomene zu bewerten wie etwa der Freude (Shultz), der Einsamkeit (Moustakas), des Mutes (Tillich), der Isolation (Sartre), der Liebe (Fromm), der Selbst-Verwirklichung (Maslow) und des Todes (Kübler-Ross); und diese Bemühungen haben sich für uns alle als ungeheuer wertvoll erwiesen. Wir sind uns heute der Bedeutung unseres Lebens und Sterbens deutlicher bewußt geworden und können besser erkennen, zwischen wie vielen Alternativen wir die Wahl haben. Dadurch wird uns bewußt, auf welche Weise sich die Qualität unseres Lebens verbessern läßt. Wir sind heute in der Lage, die Bedeutung der Menschheit, der einzelnen Menschen und der uns zur Verfügung stehenden Lebensformen aus einer ganz neuen Perspektive zu beurteilen und zu erkennen, welche Möglichkeiten für den einzelnen von uns gegeben sind.

Der Humanist Buckminster Fuller versichert uns, nachdem er sich mehr als 80 Jahre lang um die richtige Antwort bemüht hat, daß sich das menschliche Leben – was immer es sein mag – weder berühren noch messen oder wiegen läßt. Das Leben, sagt er, ist mit Sicherheit nicht unser physischer Körper; denn der Körper kann 40 Pfund verlieren, und wir bleiben trotzdem wir selbst. Er sagt, der Körper besteht im Grunde nur aus Wasser und Abfallstoffen. Das Leben ist nach seiner Überzeugung Bewußtheit bzw. Bewußtsein. Das Bewußtsein, von dem er spricht, umfaßt allerdings sehr viel mehr als das bloße Wahrnehmungsvermögen. Der Mensch ist nicht spezialisiert wie andere Primaten. Was uns zu einzigartigen Wesen macht, ist unser Gehirn, das sich vom Gehirn aller anderen Lebewesen unterscheidet. Die Hauptfunktionen dieses Gehirns sind es, zu interpretieren, zu differenzieren und wichtige Eindrücke zu speichern, die unsere Umgebung uns vermittelt. Die Ergebnisse dieser Gehirntätigkeit werden darüber entscheiden, was wir als unseren Geist oder Verstand bezeichnen. Unser Geist oder Verstand nimmt mit der Menge der Eindrücke zu, die wir mit den Sinnen aufnehmen, und aus diesen Eindrücken entsteht unsere persönliche Welt. Solange wir bewußt aufnahmebereit bleiben, nehmen wir unsere Umwelt in uns auf und gestalten unser Leben. Das ist ein unaufhörlicher aktiver Vorgang, und wir wachsen in dem Ausmaß, in dem wir gezwungen werden oder bereit und fähig sind, die ständig auf uns einstürmenden neuen Eindrücke zu verarbeiten. In jeder Lebensphase sehen wir uns gezwungen, uns an die sich ständig verändernde Welt anzupassen, während wir uns immer intensiver darum bemühen, uns diese Welt zu eigen zu machen. Auf diese Weise wird jeder einzelne von uns zu einem mit einzigartigen Merkmalen ausgestatteten Einzelwesen, das sich als Teil eines sich ständig verändernden Universums unaufhörlich regeneriert. Die größte Herausforderung im Rahmen dieses Vorgangs ist es, unser unwiederholbares Selbst zu entdecken, weiterzuentwickeln und nicht verloren gehen zu lassen. Damit uns das gelingt, müssen wir völlig wach und bewußt, reaktionsfähig und flexibel sein. Außerdem brauchen wir dazu einen lebendigen Sinn für Humor. Aber auch dann stehen wir vor keiner leichten Aufgabe. Wir leben in komplexen Gesellschaften, umgeben von Individuen, die ihrerseits damit beschäftigt sind, zu sich selbst zu finden. Auch sie werden uns dazu nötigen, uns immer wieder neuen Gegebenheiten anzupassen.

Wir haben Eltern, Freunde und Lebenspartner, die versuchen, uns nach ihren Vorstellungen umzuformen, weil ihnen das bequemer erscheint, und gewöhnlich tun sie es im Namen der Liebe. Wir werden feststellen, daß die Gesellschaft uns zwingt, ihren Anforderungen zu entsprechen, und versucht, uns in ihre engen Formen zu pressen. Wir werden erleben, daß unser Erziehungssystem uns mit belanglosem Wissen belastet und uns sagt, was wir lernen sollen, anstatt uns zu lehren, wie wir das Gelernte verwenden können. Wir werden Institutionen kennenlernen, die eine Gehirnwäsche mit uns vornehmen wollen und uns mit Angst, Schuldgefühlen und falscher Scham erfüllen wollen. Es ist daher kein Wunder, wenn wir verzweifelt erklären, es sei unmöglich, zu uns selbst zu finden, »weil ›man‹ uns das nicht erlaubt«.

Wenn wir das bedenken, dann wird uns klar, warum der Dichter und Philosoph Jean-Paul Sartre in seinem kurzen Meisterwerk *Bei geschlossenen Türen** verzweifelt ausruft: »Die Hölle, das sind die anderen Menschen!«

Dieser Glaube an unsere eigene Ohnmacht verstärkt sich, wenn wir aufgefordert werden, die Geschichte der Persönlichkeitsentwicklung zu betrachten – die moralischen Werte, die technische Entwicklung, die religiösen Überzeugungen und die politischen Systeme. Das Ergebnis einer solchen Untersuchung ist ein bedrückendes Bild von uns selbst als erstarrte, egozentrische, ohnmächtige und verängstigte Opfer, die auf Gnade oder Ungnade Kräften ausgeliefert sind, die stärker sind als wir selbst. Wir haben im Verlauf der Menschheitsgeschichte unglaubliche wissenschaftliche Entdeckungen gemacht und uns damit sogar den Zugang zum Weltraum erobert. Aber dennoch kommt es hier auf der Erde immer noch zu blutigen Unruhen und Auseinandersetzungen zwischen den Menschen, und wir bedürfen gesetzlicher Regelungen, um den Bewohnern dieser Erde die materielle Existenz und das Recht auf ein menschenwürdiges Leben zu sichern – die Grundvoraussetzungen für die Entwicklung unserer ganzen menschlichen Persönlichkeit.

* Originaltitel: »Huis clos«

Wir leben in einem politischen System, das stolz darauf ist, hohe moralische Ansprüche im Hinblick auf die Bewahrung von Frieden und Freiheit zu stellen, aber die unmittelbare Vergangenheit belehrt uns eines Besseren und beweist, daß wir nicht friedlicher und nicht weniger militant und mit Vorurteilen belastet sind als die politischen Systeme, die wir fürchten und verurteilen. Auch wir haben an den Ereignissen dieses blutigsten Jahrhunderts der Menschheitsgeschichte aktiv teilgenommen. Betrachten wir die Religionsgeschichte der neueren Zeit, dann sehen wir auch auf diesem Gebiet nichts, was uns zu positiveren und optimistischeren Schlüssen führen könnte. Wir stellen fest, daß sehr viele Menschen das Gefühl haben, von Gott im Stich gelassen worden zu sein, und daß es manchen Kirchen und religiösen Fanatikern gelungen ist, Gleichgültigkeit, Haß, Vorurteile, Angst, Gewalt und sogar Massenmord so darzustellen, als seien diese Phänomene Ausdruck des Willens Gottes!

Wenn wir den Menschen und die von ihm geschaffenen Einrichtungen aus dieser bedrückenden historischen Perspektive betrachten, dann ist es nicht verwunderlich, wenn wir uns nach Kräften außerhalb unserer selbst umsehen, die uns helfen könnten, hoffnungsfreudiger in die Zukunft zu blicken. Man sagt uns, wir hätten versagt und würden auch künftig versagen. Einige Philosophen und Wissenschaftler behaupten sogar, wir stünden vor unserem unvermeidlichen Untergang. Man redet uns ein, wir seien bestenfalls »krank«, ohnmächtig und sehr hilfsbedürftig. Man preßt uns in bestimmte medizinische Verhaltensmuster und folgert daraus, daß unser mangelndes menschliches Verhalten »krankhaft« sei und auf eine bestimmte Weise »geheilt« werden müsse. Wir seien in eine Tretmühle eingespannt, bewegten uns ständig im Kreise und kämen dabei niemals ans Ziel.

Wenn wir uns dieses Bild der Persönlichkeit zu eigen machen, dann müssen wir bezweifeln, daß wir jemals die Kraft haben werden, die emotionalen, physischen und ökologischen Mängel zu beseitigen, die durch unser Fehlverhalten entstanden sind. Dann können wir kaum annehmen, daß es uns je gelingen wird, den Glauben an die Menschenwürde wieder herzustellen. Viel wahrscheinlicher ist es unter solchen Voraussetzungen, daß wir nicht mehr in der Lage sein werden, unseren Untergang zu verhindern.

Ich bin jedoch aufrichtig davon überzeugt, daß unser heutiges Wissen von den Fähigkeiten und Möglichkeiten des Menschen ausreicht, um Haß, Furcht, Schmerz, Hunger, Krieg und Hoffnungslosigkeit veraltet erscheinen zu lassen. Ich behaupte, daß wir nicht zurückschauen müssen. Wir sind nicht die Gefangenen unserer Vergangenheit. Wir können dort beginnen, wo wir heute stehen. Unsere Fähigkeiten reichen aus. Es gibt keine »anderen«, denen wir die Verantwortung zuschieben könnten – jeder von uns *ist* der andere. Wenn wir unser Verhalten gewissenhaft prüfen, dann stellen wir in den meisten Fällen fest, daß die emotionale Ohnmacht, die Apathie, der Mangel an Verständnis und die Weigerung, sich zu ändern, die wir bei anderen erkennen, in Wirklichkeit auch bei uns selbst vorhanden sind. Wir sind die anderen. Wir selbst müssen uns ändern. Wir haben uns selbst in die Falle gelockt und weigern uns, zu erkennen, daß wir diesen Zustand selbst herbeigeführt haben.

Wenn bestimmte Dinge nicht getan wurden, dann sind wir es, die sie nicht getan haben; wenn es Mißverständnisse gibt, dann sind es *unsere* Mißverständnisse; wenn wir in emotionale Schwierigkeiten und Spannungen geraten sind, dann haben wir diesen Zustand selbst herbeigeführt. Wenn wir aus uns nicht all das gemacht haben, was wir sein könnten, dann sind wir es, die sich nicht verändert haben und deshalb diesen Mangel an Selbstverwirklichung ertragen müssen.

Die »anderen« können uns nichts lehren und uns nicht verändern; das können nur wir selbst. Kein »anderer« kann uns Frieden und Freude bringen. Diese Gefühle sind unser ganz persönliches Eigentum. (Die Welt der Angst, der Freude oder der Tränen ist eine ganz private und persönliche Welt.) Kein »anderer« kann das Selbst in uns lebendig werden lassen. Nur wir selbst können die Herausforderung annehmen, einen ganzen Menschen aus uns zu machen. Nur wir selbst können uns in die Arme nehmen und einen neuen Anfang wagen. Nur wir selbst können uns dazu entschließen, alle unsere menschlichen Gaben zu entwickeln und als ganzer Mensch zu leben.

Die Erkenntnis, daß wir selbst unser Leben gestalten, ist nicht neu, aber doch wollen die meisten von uns das nicht wahrhaben; denn sonst könnten wir uns gezwungen sehen, uns zu ändern. Wir könnten mit dem Schmerz und der Leere konfrontiert werden, die aus der Erkenntnis entstehen, daß wir nicht wir selbst sind. Dann müßten wir uns auf die vielleicht beängstigende, in ihrem Ausgang ungewisse und anstrengende Suche nach Selbstverwirklichung begeben. Und schließlich müßten wir aufhören, anderen die Schuld zu geben, und selbst die volle Verantwortung für die Gestaltung unseres Lebens übernehmen. Zweifellos ist es viel leichter, uns so zu akzeptieren, wie man uns bis dahin dargestellt hat – als hilflose, hoffnungslose, verängstigte Versager, die unfähig sind, ihre wirklichen Bedürfnisse zu befriedigen.

Wenn wir geboren werden, bestehen wir fast ausschließlich aus noch nicht verwirklichtem Potential, und in jedem von uns schlummern Tausende von neuen Möglichkeiten. Wir können uns jederzeit dafür entscheiden, von neuem geboren zu werden und die Herausforderung der in uns schlummernden Möglichkeiten anzunehmen, und das gilt auch heute noch.

Auch die Welt ist zum großen Teil ein noch nicht verwirklichtes Potential, das auf die Verwirklichung durch uns wartet. Die Verantwortung dafür liegt bei uns. Die Manifestation jeder Person und der Welt, in der wir leben, ist die Grundvoraussetzung für unsere Existenz, ihr Hauptzweck und ihre einzige Hoffnung. Wenn irgendeiner von uns versäumt, ein voll funktionsfähiger Teil des Ganzen zu werden, gleichgültig, wer wir sein mögen und wohin uns das Schicksal verschlagen haben mag, dann wird dieses Potential für immer verloren sein. Unser Wert liegt darin, wie weit es uns in jedem Augenblick unseres Lebens gelingt, das Einzigartige unserer Persönlichkeit zu verwirklichen. Dieses Ziel mag unerreichbar und unrealistisch scheinen – ein romantisches Ideal. Der Versuch, ein Ideal zu verwirklichen, kann frustrierend sein; denn wir haben es dabei

Die Manifestation jeder Person und der Welt, in der wir leben, ist die Grundvoraussetzung für unsere Existenz, ihr Hauptzweck und ihre einzige Hoffnung.

mit etwas nicht Greifbarem, mit etwas Illusorischem zu tun. Man sagt uns, unsere einzige Hoffnung liege darin, eine illusionäre Reise zu unternehmen, die uns zu unserem geheimnisvollen, noch nicht verwirklichten Selbst führen soll. Wir wissen nicht, wohin die Reise geht und was uns erwartet, wenn wir das Ziel erreicht haben. Wir sind davon überzeugt, daß unsere gegenwärtige Anpassung zumindest erträglich ist und eine Veränderung bestenfalls ein großes Risiko bedeutet. Man sagt uns, es sei kindisch, sich mit Illusionen abzugeben, und naiv, ihnen nachzujagen.

Es ist jedoch ein interessantes Phänomen, daß das nicht verwirklichte Selbst danach verlangt, sichtbar zu werden! Es läßt sich nicht über längere Zeit ignorieren. Es zwingt uns, entweder voran- oder zurückzugehen oder in Verwirrung, Angst und Enttäuschung zu leben. Wir sind uns der Tatsache bewußt, daß uns etwas fehlt, und wir spüren die unbedingte Notwendigkeit, zu entdecken, was es ist. Wir werden zum Wachsen gedrängt, obwohl das Ergebnis solcher Bemühungen im Nebel der Ungewißheit liegt, wir selbst den Eindruck haben, auf ein solches Unternehmen nicht genügend vorbereitet zu sein, und glauben, in der Vergangenheit schon zu oft versagt zu haben, obwohl unser Intellekt uns in die falsche Richtung führt, unsere Emotionen uns verwirren und unsere Weggenossen uns dauernd behindern.

Wir stellen fest, daß es kaum etwas gibt, was uns bei unserer Suche in die richtige Richtung weisen könnte, und daß wir uns dabei auf die einzige Kraft verlassen müssen, die wir haben, nämlich auf den natürlichen Instinkt, der uns anregt, schöpferisch zu sein, Entscheidungen zu treffen, uns innerlich zu befreien und uns zu ändern. Wir müssen uns der Herausforderung stellen, ganze Menschen zu werden, und unseren menschlichen Anlagen vertrauen in der Hoffnung, daß sie uns zu unserem Ziel führen werden.

Elie Wiesel berichtet von einem Rabbi, der gesagt hat, wenn wir nach dem Tode vor unseren Schöpfer treten, würden wir nicht gefragt, weshalb aus uns kein Messias, kein berühmter Menschenführer oder Prophet geworden sei, der die Antworten auf die Fragen nach den größten Mysterien des Lebens gefunden habe. Die Frage werde vielmehr lauten: »Weshalb bist du nicht du selbst geworden, der ganze tätige Mensch, der nur aus dir und aus keinem anderen werden konnte?«

Die Herausforderung, der wir uns stellen müssen, heißt daher: Wir sollen einen möglichst großen Teil der Illusion zur Wirklichkeit werden lassen. Unsere gegenwärtige Wirklichkeit ist schließlich nichts anderes als das, was früher einmal eine Illusion gewesen ist.

Wo sollen wir anfangen? Wir beginnen in diesem Augenblick. Wir trennen uns von der Vergangenheit und umarmen die Gegenwart. Wir beginnen mit dem wertvollsten Besitz, dem einzigen Besitz, der uns zur vollständigen Verwirklichung unserer menschlichen Persönlichkeit führen kann. Wir folgen dem weisen Ratschlag des Rabbi, von dem Wiesel berichtet: »Wir beginnen mit uns selbst!«

2.
Die Entwicklungsstufen
auf dem Wege zur Verwirklichung
des ganzen Menschen

Zuerst das Kind,
Das in der Wärt'rin Armen greint und sprudelt;
Der weinerliche Bube, der mit Bündel
Und glattem Morgenantlitz, wie die Schnecke
Ungern zur Schule kriecht; dann der Verliebte,
Der wie ein Ofen seufzt, mit Jammerlied
Auf seiner Liebsten Brau'n; dann der Soldat,
Voll toller Flüch' und wie ein Pardel bärtig,
Auf Ehre eifersüchtig, schnell zu Händeln,
Bis in die Mündung der Kanone suchend
Die Seifenblase Ruhm. Und dann der Richter,
In rundem Bauche, mit Kapaun gestopft,
Mit strengem Blick und regelrechtem Bart,
Voll weiser Sprüch' und neuester Exempel
Spielt seine Rolle so. Das sechste Alter
Macht den besockten hagern Pantalon,
Brill' auf der Nase, Beutel an der Seite;
Die jugendliche Hose, wohl geschont,
'Ne Welt zu weit für die verschrumpften Lenden;
Die tiefe Männerstimme, umgewandelt
Zum kindlichen Diskante, pfeift und quäkt
In feinem Ton. Der letzte Akt, mit dem
Die seltsam wechselnde Geschichte schließt,
Ist zweite Kindheit, gänzliches Vergessen
Ohn' Augen, ohne Zahn, Geschmack und alles.

Shakespeare, *Wie es euch gefällt*

Jaques betrachtet die Bühne des Lebens in Shakespeares *Wie es euch gefällt* mit recht spöttischem und kritischem Blick, aber diese Auffassung entspricht durchaus seinem einerseits charmanten, andererseits aber boshaften Charakter. Allerdings müssen wir zugeben, daß er in mancher Hinsicht nicht ganz unrecht hat. Es gibt jedoch auch die Möglichkeit, die Entwicklungsstufen im menschlichen Leben in einem anderen Licht zu sehen. Der Physiologe untersucht das Reifen und Wachsen des Körpers, der Psychologe beschäftigt sich mit der Entwicklung der Persönlichkeit, der Neurologe betrachtet die motorischen Funktionen usw.

In diesem Kapitel werden wir uns mit den Entwicklungsstadien beschäftigen, über die der Mensch zur ganzen Persönlichkeit heranreift. Während dieses Wachstumsprozesses durchläuft der einzelne fünf verschiedene Entwicklungsphasen, die sich deutlich voneinander unterscheiden lassen. Diese Phasen sind hierarchischer Natur, d. h. jede folgt auf die andere entwicklungsmäßig in einer bestimmten Reihenfolge. Doch jede Phase läßt sich als autonomes, vollständiges und klar zu definierendes Stadium erkennen, das sich von den jeweils vorangegangenen deutlich unterscheidet. Jedes Stadium läßt sich auf seine Weise verwirklichen, es ist aber nicht notwendig, das einzelne Stadium vollständig zu verwirklichen, um zum nächsten überzugehen. So müssen wir zum Beispiel nicht alle Möglichkeiten ausgeschöpft haben, welche die Kindheit uns bietet, um als Erwachsene zu voll ausgereiften, tätigen Persönlichkeiten zu werden. Jedes Stadium wird durch Reaktionen und Verhaltensweisen charakterisiert, die sich bei allen Menschen in mehr oder weniger gleicher Weise erkennen lassen und ganz bestimmte Funktionen bei der Verwirklichung dieser besonderen Entwicklungsstufe erfüllen. Diese Reaktionen und Verhaltensweisen erleichtern darüber hinaus den ungehinderten Übergang von einer Stufe zur nächsten.

Mit anderen Worten, jedes Stadium ist in besonderer Weise programmiert, um das stetige Wachstum zu gewährleisten. Wenn wir in einer bestimmten Periode unseres Lebens eine gewisse Entwicklungsstufe erreicht haben, gewinnen wir Einsichten, durch die wir zu einem höheren geistigen Niveau aufsteigen. Von dieser höheren Ebene aus überblicken wir eine neue, bisher noch nicht entdeckte Welt. Wir werden angeregt, sie in uns aufzunehmen und die komplexen, differenzierten Erkenntnisse zu verarbeiten, die wir dabei gewinnen. Jede dieser neuen Erfahrungen wird uns dabei helfen, auf unserem Weg weiterzukommen und in jeder Phase unseres Lebens als menschliche Persönlichkeit zu wachsen.

Zunächst wird dieses Aufleuchten neuer Erkenntnisse oder diese neue Art der Erfahrung gewöhnlich nicht bewußt registriert. Wir sehen darin noch nicht einen Teil unserer eigenen Realität. Aber wenn die neuen Erfahrungen uns als solche bewußt geworden sind, wiederholen sie sich und erzeugen in uns das Bedürfnis, uns den neuen Erkenntnissen entsprechend zu verhalten und sie als Realität zu akzeptieren. Ist das geschehen, werden unsere Handlungen und Reaktionen der neuen Stufe entsprechen, auf die wir gelangt sind. Wir beteiligen uns aktiv an der Gestaltung der neuen Lebensphase, lernen sie zu beherrschen und machen sie uns zu eigen.

Eine gute Illustration dieses Phänomens ist die Entwicklung der Sprache bei einem neugeborenen Kind. Geben wir diesem Kind den Namen Ted. Bei seiner Geburt hat Ted noch keine Vorstellung davon, was Sprache ist. Er weiß nicht einmal, daß es so etwas gibt. Die Welt, in die er hineingeboren wurde, ist erfüllt von sinnlosen Geräuschen. Seine eigene erste sprachliche Äußerung ist ein spontanes Plappern. Er ist sich natürlich nicht der Tatsache bewußt, daß die komplexe Funktion des Sprechens als Ausdruck von Gedanken, die anderen mitgeteilt werden, mit Hilfe von diesem Plappern erfüllt werden wird. Wenn nun dieses Plappern etwa im Alter von sechs Monaten ein bestimmtes Stadium erreicht hat, ist Ted so weit herangereift, daß er auf die von ihm hervorgebrachten Töne zu hören beginnt. Er lauscht seinem eigenen Geplapper und wird sich des Umstandes bewußt, daß er es hervorbringt. Hat seine Aufmerksamkeit eine bestimmte Intensität erreicht, beginnt er, bestimmte Laute mit geschärfter Aufmerksamkeit zu wiederholen. Jetzt ist er in die zweite Phase der Entwicklung seines Sprechvermögens eingetreten, in die Phase der Echophrasie. Nun wird er noch eine ganze Reihe von Monaten des Bewußtwerdens brauchen, bevor er, vielleicht im Alter von einem Jahr, die Fähigkeit erwirbt, einzelne Wörter zu bilden. Auf diese Weise wird er unter den geeigneten Voraussetzungen allmählich richtige Wörter in der richtigen Reihenfolge und dann auch ganze Sätze auszusprechen lernen. Am Ende dieser Entwicklungsphase hat er sprechen gelernt.

Seine Fähigkeit, sich mit Worten verständlich zu machen, wird sich nun während seines ganzen Lebens vervollkommnen. Er ist jetzt in der Lage, eine Fertigkeit, die er im Alter von drei oder vier Jahren bereits großenteils erworben hat, ständig zu verfeinern und auszubauen. Er wird seinen Wortschatz erweitern, eine subtilere und verständlichere Syntax entwickeln und neue Methoden finden, Probleme zu lösen und nachzudenken.

Vergleichbar mit diesem Phänomen ist die Dynamik des Wachsens der menschlichen Persönlichkeit. Wenn wir das Leben oberflächlich betrachten, dann scheint es von der Geburt bis zum Tode einen ruhigen, gleichmäßigen Verlauf zu nehmen; schauen wir aber näher hin, dann erkennen wir sehr deutlich, daß von einer solchen Ruhe nicht die Rede sein kann; denn wir erleben immer wieder traumatische und oft sogar von Gewalt und Katastrophen bestimmte Perioden. Zu Beginn waren wir als neugierige Kleinkinder vollkommen von anderen Menschen abhängig, ohne die wir nicht einen einzigen Tag hätten weiterleben können. Als unbeholfene Kinder stolperten wir durch eine uns geheimnisvoll erscheinende Umwelt, deren Rätsel wir zu entschleiern suchten. Als Jugendliche rangen wir um die Entscheidung, uns entweder vollkommen anzupassen und so zu werden wie alle anderen oder die in uns angelegte einmalige Persönlichkeit zu entwickeln und damit unserer individuellen Bestimmung zu folgen. Wenn wir die letztgenannte Entscheidung getroffen hatten, bewegten wir uns hoffnungsvoll in das Erwachsensein und mußten dann den Anforderungen eines ständig wachsenden Selbst genügen und unseren Platz in einem sich unaufhörlich verändernden Universum finden. Nachdem

In einem sehr realen Sinn ist daher jede Stufe auf dem Wege zur Reife eine in sich selbst vollkommen abgeschlossene Phase und kann unabhängig von jeder anderen Phase verwirklicht werden; doch da wir dafür bestimmt sind, zur vollen Persönlichkeit heranzureifen, ist das Leben stets sowohl ein aktiver Zustand des Seins als auch ein sich ständig verändernder Zustand des Werdens. Es ist ein Prozeß, in dessen Verlauf wir uns selbst unaufhörlich neu schaffen, um den Anforderungen der Gegenwart und der Zukunft gerecht zu werden.

wir uns einigermaßen an die Dynamik der eigenen Fortentwicklung gewöhnt hatten, wurden wir bereit für das Du und für die Partnerschaft – bereit, das Alleinsein aufzugeben und eine tiefe, bedeutungsvolle Beziehung zu einem anderen Menschen aufzunehmen. Wir haben uns dazu entschlossen, auch wenn das den Verzicht auf einen Teil unseres Selbst bedeutete. Und schließlich erreichen wir das Alter, die letzte Lebensphase, die wir zu verwirklichen haben, bevor das Leben, wie wir es kennen, zu Ende geht.

Die wichtigsten Lebensphasen, durch welche uns die Entwicklung zur reifen Persönlichkeit führt, sind also das Säuglingsalter, die Kindheit, die Jugend, die Reifezeit, die Zeit der engen Beziehungen zu anderen und das Alter.

In einem sehr realen Sinn ist daher jede Stufe auf dem Wege zur Reife eine in sich selbst vollkommen abgeschlossene Phase und kann unabhängig von jeder anderen Phase verwirklicht werden; doch da wir dafür bestimmt sind, zur *vollen* Persönlichkeit heranzureifen, ist das Leben stets sowohl ein aktiver Zustand des Seins als auch ein sich ständig verändernder Zustand des Werdens. Es ist ein Prozeß, in dessen Verlauf wir uns selbst unaufhörlich neu schaffen, um den Anforderungen der Gegenwart und der Zukunft gerecht zu werden.

In der Biologie bezeichnet man ein ähnliches Phänomen als Epigenese (Entwicklung durch Neubildung). Es ist der Vorgang, in dessen Verlauf die Entwicklung als stufenweise Veränderung und Differenzierung eines ursprünglich undifferenzierten Ganzen vonstatten geht. Eric Linneberg beschreibt das wie folgt:

Das Heranreifen kann als eine Folge von Zuständen beschrieben werden. In jedem Zustand ist der heranwachsende Organismus in der Lage, eine bestimmte Art und Menge von Stoffen und Energien in sich aufzunehmen. Diese werden zunächst aufgelöst und dann in einer Weise wieder zusammengefügt, daß sich der Organismus weiterentwickelt und dabei einen neuen Zustand annimmt. Dieser neue Zustand macht den Organismus empfänglich für die Aufnahme neuer und andersartiger Kräfte und Stoffe, deren Aufnahme ihn wieder in einen neuen Zustand verwandelt, der wiederum die Möglichkeit für die Aufnahme neuer Kräfte und Stoffe schafft usw. Das ist die Geschichte der embryologischen Entwicklung, wie sie sich sowohl bei der Entstehung des Körpers als auch bei bestimmten Aspekten des Verhaltens beobachten läßt. Jede Phase der Reifung ist instabil. Die Veränderung kann in die verschiedensten Richtungen gehen, sie erfordert jedoch Anstöße aus der Umwelt.[3]

Der Psychologe Eric Erickson hat vor dem Hintergrund dieser Theorie die typischen Konflikte und Entscheidungen untersucht, zu denen es im Verlauf der Entwicklung der menschlichen Persönlichkeit von der frühen Kindheit bis zum Greisenalter kommt. Dabei entwickelt er eine epigenetische Theorie des Wachstums der Persönlichkeit. Er behauptet, es gebe einen allgemeingültigen Grundplan für die Persönlichkeitsentwicklung, und innerhalb dieses Grundplans ließen sich bestimmte Teilentwicklungen erkennen, wobei »jeder Teil zu seiner Zeit manifest wird, bis alle Teile gemeinsam das funktionsfähige Ganze bilden«. Er beschreibt diese Teile als allgemeine Stadien, in denen während entscheidender Entwicklungsphasen bestimmte Charakterzüge des Ich manifest werden. Alle diese Stadien haben nach Auffassung von Erickson schon von Anfang an in einer gewissen Form existiert, aber jedes einzelne Stadium hat seine eigene kritische Entwicklungsperiode innerhalb einer Reihe miteinander in Zusammenhang stehender Wachstumsperioden.

Abraham Maslow, den ich schon an anderer Stelle erwähnt habe, war der Pionier bei der Erforschung des Wachstums im Hinblick auf Selbstverwirklichung und auf die volle Entfaltung der menschlichen Persönlichkeit. Er hat eine Art menschlicher Lebensdynamik entdeckt und untersucht, die augenscheinlich das Individuum dazu drängt, sich zur voll funktionsfähigen Persönlichkeit zu entwickeln. Er hat festgestellt, daß eine starke

Kraft das menschliche Wesen durch alle Lebensphasen vorantreibt und veranlaßt, zu einer personalen Einheit und damit zu einem vollständigeren Lebewesen zu werden. Er kommt zu folgenden Schlüssen:

Im innersten Wesen des Menschen erkennen wir den Drang, das Dasein immer intensiver auszufüllen, das Menschliche in jedem einzelnen immer deutlicher zum Ausdruck zu bringen, und zwar in dem gleichen naturwissenschaftlichen Sinne, in dem die in einer Eichel schlummernde Lebenskraft »danach drängt«, zur Eiche zu werden, oder wie man an einem Tiger beobachten kann, wie er alle Kräfte dazu einsetzt, die spezifischen Eigenschaften eines Tigers zu entwickeln, und wie ein Pferd das gleiche tut, um zum Inbegriff des Pferdes zu werden. Letzten Endes wird der Mensch *nicht* in eine Form gepreßt und dazu gezwungen, menschliche Eigenschaften zu entwickeln. Die Aufgabe seiner Umwelt ist es, ihm bei der Verwirklichung *seines eigenen* Potentials zu helfen. Das ist nicht das Potential der Umwelt. Die Umwelt gibt dem Menschen nicht sein Potential und seine Fähigkeiten. Sie schlummern in ihm in rudimentärer oder embryonaler Form, wie er ja auch embryonale Arme und Beine hat. Und Kreativität, Spontaneität, Authentizität, das Interesse für andere Menschen, die Fähigkeit zu lieben, das Streben nach Wahrheit, das alles sind embryonal angelegte Potentiale seiner Gattung, und zwar ebenso wie es seine Arme, seine Beine, sein Gehirn und seine Augen sind.[1]

Maslows Hauptinteresse galt dieser Erforschung der Entwicklung des einzigartigen, voll verwirklichten menschlichen Wesens. Bei seinen Untersuchungen beschäftigte er sich vor allem mit älteren Menschen, die schon durch die meisten Lebensstadien gegangen waren und als ausgereifte menschliche Wesen ein erfolgreiches Leben hinter sich gebracht hatten. Die Selbstverwirklichung untersuchte er vor allem als einen Endzustand. Es ist sicherlich etwas Wunderbares, Personen zu beobachten und sich eingehend mit ihnen zu beschäftigen, die ein hohes Alter erreicht und im Lauf ihres Lebens ihre Persönlichkeit weitgehend zur Entfaltung gebracht haben. Wir alle kennen solche Menschen, die, wie Maslow sagt, die Wirklichkeit klarer wahrnehmen, aufgeschlossener, ausgefüllter, spontaner sind als andere, einen stärker ausgeprägten Identitätssinn haben, objektiver denken, schöpferischer und demokratischer sind und über eine größere Liebesfähigkeit verfügen.

Die eigentliche Herausforderung liegt für mich darin, jede Lebensphase voll und ganz zu realisieren. Sie liegt in der Möglichkeit, in jedem einzelnen Augenblick zu leben und uns selbst zu verwirklichen, indem wir jeden Augenblick ganz erleben und seine Vollständigkeit wahrnehmen. Die Welt erscheint uns in jedem Augenblick des Lebens anders und hat daher immer wieder eine neue Bedeutung und einen neuen Sinn für uns. So ist zum Beispiel die Liebe, die wir in der Kindheit erfahren, etwas vollkommen anderes und hat wenig damit zu tun, was der erwachsene und reife Mensch unter Liebe versteht. Das gleiche gilt für die Abhängigkeit, die Loyalität, die Moral und für das Verantwortungsbewußtsein.

Jedes Entwicklungsstadium hat seine eigenen einmaligen Gegebenheiten, Erfordernisse und Möglichkeiten. Diese können nur verwirklicht werden, wenn wir jede Lebensphase ganz bewußt und vollständig erleben und erfahren.

Die Frage lautet deshalb nicht nur, was es bedeutet, ein in jeder Weise lebendiger, reifer Erwachsener zu werden, sondern wir müssen auch die anderen Stationen berücksichtigen und danach fragen, was es heißt, ein richtiges Kind, ein wirklich lebendiger Jugendlicher, ein reifer Erwachsener, ein aufrichtig Liebender und ein alter Mensch zu sein, der ein erfülltes Leben hinter sich hat.

Im folgenden wollen wir diese Fragen näher untersuchen und von allen Seiten beleuchten.

Die erste Lebensphase.
Säuglingsalter und Kindheit in ihrer ganzen Bedeutung

Deine Kinder sind nicht deine Kinder.
Sie sind die Söhne und Töchter der Sehnsucht des Lebens
nach sich selbst.
Sie kommen durch dich, aber nicht von dir,
Und obwohl sie bei dir sind, gehören sie dir nicht.
Du darfst ihnen deine Liebe geben, aber nicht deine Gedanken,
Denn sie haben ihre eigenen Gedanken,
Du kannst ihren Körpern ein Heim geben, aber nicht ihren
Seelen,
Denn ihre Seelen wohnen in einem Haus, das »Morgen« heißt
Und das du nicht einmal in deinen Träumen betreten kannst.
Du kannst dich darum bemühen, so zu sein wie sie,
Versuche aber nicht, sie dir gleich zu machen.
Denn das Leben geht nicht rückwärts und hängt sich nicht an das
Gestern.

Kahil Gibran, *Der Prophet*

Der Säugling und das Kleinkind sind hilfloser und über eine längere Zeit hinweg auf andere angewiesen als jedes andere Lebewesen. Kinder und Säuglinge sind notwendigerweise »natürliche Sklaven«. Ihre Identität in der Welt wird von Kräften außerhalb ihrer selbst geschaffen. Sie haben keine Entscheidungsfreiheit, und wegen ihrer Abhängigkeit empfangen sie alle Eindrücke und alles, was sie brauchen, von den Menschen und Dingen in ihrer unmittelbaren Umgebung. Was sie an Nahrung, Wärme, Fürsorge und Sinneseindrücken aufnehmen, kommt von ihren Eltern und der besonderen Gesellschaft, in die sie hineingeboren wurden.

Was daher für die Entwicklung des Säuglings und des Kleinkindes entscheidend notwendig ist, das ist die von David Norton so bezeichnete »verantwortliche Autorität«. Er erläutert diesen Begriff wie folgt:

> Die Abhängigkeit der Kindheit ist eine vorläufige Abhängigkeit, und der vorläufige Charakter dieses Zustandes verleiht der gegenüber dem Kind ausgeübten Autorität eine normative Qualifikation. Weil das Kind dieser Autorität vertraut, muß sie sich als vertrauenswürdig erweisen. Da sie nicht angezweifelt werden kann, muß sie (für das Kind) unangefochten sein. Und weil die Abhängigkeit in der Kindheit etwas Vorläufiges ist, muß auch die gegenüber dem Kind beanspruchte Autorität etwas Vorläufiges bleiben. Von Anfang an steht fest, daß die Autorität zeitlich begrenzt ist.[4]

Die erste Voraussetzung für die volle Verwirklichung liegt außerhalb ihres eigenen Einflußbereichs und in den Händen der für sie verantwortlichen Autorität. Das macht es notwendig, daß die Autorität die wesentlichen physischen, psychischen und Lernbedürfnisse des Kindes erkennt und ihnen entspricht. Diese Autorität muß, wenigstens eine Zeitlang, die schwere Verantwortung für das Leben der Kinder übernehmen, deren Existenz in dieser Phase in ihre Hände gegeben ist.

Säuglinge und Kleinkinder begegnen dem Leben zwar offenen Sinnes und mit großer Begeisterung, sie sind aber zu unselbständig, und sie verfügen noch nicht über das nötige Rüstzeug, um ihr Leben selbst zu gestalten. Um ihre Welt zu ordnen und sie zu beeinflussen, brauchen sie ein System von Symbolen – die Sprache, das heißt allgemeinverständliche Zeichen –, das ihnen helfen kann, einer zunächst chaotisch erscheinenden Umwelt eine bestimmte Struktur zu verleihen. Dabei dürfen wir nicht vergessen, daß jedes Symbol, das Kinder aufnehmen, nicht ihre eigene Schöpfung ist, sondern vorher von anderen menschlichen Wesen interpretiert, identifiziert und mit der Welt, wie sie sich ihnen darstellt, in einen Zusammenhang gestellt worden ist. Diese Autoritäten verfassen ein Wörterbuch für ihre Kinder und bestimmen die begriffliche und emotionale

Bedeutung der Worte. Sie beeinflussen das Denken und Fühlen ihrer Kinder im Hinblick auf die Welt. Auch wenn sie es nicht wollen, übertragen sie auf diese Weise ihren Lebensstil, ihre Ängste und Vorurteile, ihre Vorbehalte und Enttäuschungen, ihre Freuden, Hoffnungen und Wünsche sowie das Streben nach Selbstverwirklichung auf ihre Kinder. Daran ist nichts auszusetzen. Auf diese Weise wird das soziale und kulturelle Erbe weitergegeben, das wir für unser Überleben und unser Wachstum brauchen.

Um schließlich selbständig zu werden, müssen wir, wie Norton sagt, in allen folgenden Lebensphasen den von uns verwendeten Begriffen ihre Zweideutigkeit nehmen. Erst dann können wir die Welt, die mit diesen Begriffen symbolisiert wird, als unsere eigene betrachten.

Aber das Säuglingsalter und die frühe Kindheit sind deshalb nicht notwendigerweise durch Passivität gekennzeichnet. Kinder können sehr wohl spontan sein, differenzieren, Eindrücke verarbeiten und sich den gegebenen Verhältnissen anpassen. Sie sind ständig damit beschäftigt, Neues zu entdecken und zu lernen, und sie tun dies rascher und gründlicher als zu irgendeiner anderen Zeit in ihrem Leben.

Die Kindheit gehört dem Spiel, dem Experiment und der Phantasie. Die Kindheit ist die Zeit, in der wir unsere Umwelt erforschen und entdecken. Alles ist neu. Alles weckt unsere Neugier. Kaum jemand kann sich der Faszination (und Frustration) entziehen, die in uns ausgelöst werden, wenn wir ein Kind beobachten, das seine Umgebung erforscht. Kein Ort ist zu gefährlich, kein Gegenstand zu wertvoll und kein Hindernis unüberwindlich. Furchtlos verfolgt das Kind seinen Weg, um die Welt mit den Augen und Ohren zu entdecken und auf das zu reagieren, was ihm dabei begegnet. Das Geheimnis, welches das Kind zu erforschen sucht, ist es selbst. Der Schlüssel zu diesem Geheimnis liegt in der Aufnahmefähigkeit des Kindes. Wenn es bei seiner Suche behindert wird oder in eine Sackgasse gerät, wird das Kind lautstark protestieren. Das Kind braucht Erfahrungen, das Erkennen von Ordnungsprinzipien und die Bestätigung dessen, was es als gültig erkannt hat. Alles, was ein

Die Kindheit gehört dem Spiel, dem Experiment und der Phantasie. Die Kindheit ist die Zeit, in der wir unsere Umwelt erforschen und entdecken. Alles ist neu. Alles weckt unsere Neugier. Kaum jemand kann sich der Faszination (und Frustration) entziehen, die in uns ausgelöst werden, wenn wir ein Kind beobachten, das seine Umgebung erforscht. Kein Ort ist zu gefährlich, kein Gegenstand zu wertvoll und kein Hindernis unüberwindlich. Furchtlos verfolgt das Kind seinen Weg, um die Welt mit den Augen und Ohren zu entdecken und auf das zu reagieren, was ihm dabei begegnet. Das Geheimnis, welches das Kind zu erforschen sucht, ist es selbst.

Kind zu einem voll funktionsfähigen, einmaligen Individuum werden läßt, ist schon in ihm angelegt.

Doch in der Kindheit kann sich die ganze Persönlichkeit noch nicht entfalten. Das Kind besteht ganz und gar aus Entwicklungsmöglichkeiten. Auch wenn das Kind schon die notwendigsten Ausdrucksformen beherrscht, wird es in erster Linie das Verhalten der anderen imitieren, denen es bisher begegnet ist. Aber schon jetzt beginnt sich das einzigartige Individuum zu entwickeln, das in ganz besonderer Weise auf seine Umwelt reagiert.

Es ist daher die Hauptaufgabe der verantwortlichen Autoritäten, die in jedem Kind schlummernden Möglichkeiten zu wecken und lebendig werden zu lassen. Diese Personen müssen die Bedürfnisse des Kindes kennen, den Wert des Kindes anerkennen und sich darüber klar werden, welche wesentliche und heikle Rolle sie selbst spielen, wenn sie dem Kind helfen, zu sich selbst zu finden. Wenn das Kind die richtige Beziehung zu seiner Umwelt entwickeln soll, dann müssen die Erwachsenen ihm seine Spontaneität und Lebendigkeit lassen und es beim Erleben seiner Umwelt in diesem nie aufhörenden Lernprozeß unterstützen.

Das schädlichste Verfahren wäre der Versuch, Kinder gegen Erfahrungen abzuschirmen oder sie vor Schmerzen zu schützen; denn gerade in dieser Zeit lernen Kinder, daß das Leben etwas Geheimnisvolles, wenn auch kein »Rosengarten« ist. Die Rolle der Eltern besteht in erster Linie darin, ihre Kinder zu beobachten und einen ausreichenden Vorrat an Heftpflaster bereitzuhalten.

Zwar ist die Kindheit eine besondere Lebensphase, die in sich selbst vollendet und verwirklicht werden kann, wir lernen dabei jedoch vieles Wesentliche, das unser künftiges Leben bereichern kann. So sollten wir zum Beispiel den Wissens- und Forschungsdrang der Kindheit in die späteren Lebensabschnitte mitnehmen. Und wir brauchen auch als Erwachsene noch die in der Kindheit entwickelte Fähigkeit, zu staunen; wir brauchen Risikofreudigkeit, Vertrauen, Spontaneität und Phantasie. Bestimmte kindliche Verhaltensweisen werden wir aufgeben müssen; denn sie wären für einen Jugendlichen oder einen Erwachsenen nur schädlich. Wir sollen dabei jedoch nicht den Optimismus und die Lebensfreude des Kindes aufgeben.

Die zweite Entwicklungsphase.
Das erfüllte Leben
des Jugendlichen

Biff: »Ich kann mich noch nicht festlegen, Mama; ich kann mich noch nicht an ein bestimmtes Leben gewöhnen.«

Arthur Miller, *Tod eines Handlungsreisenden*

Es geschah in jenem grünen, verrückten Sommer, als Frankie zwölf Jahre alt war. Es war der Sommer, in dem sie schon seit langer Zeit kein Mitglied mehr war. Sie gehörte zu keinem Klub und weigerte sich, an irgend etwas teilzunehmen. Frankie hatte sich von allem gelöst, trieb sich in Hauseingängen herum und fürchtete sich.

Carson McCullers, *Frankie*

Von allen Lebensphasen ist es wahrscheinlich unsere Jugend, an die wir uns am lebhaftesten erinnern; denn zu keiner Zeit sind wir wohl stärker von Herzenskummer, Konflikten und Mißverständnissen heimgesucht worden. Wir erinnern uns an die Mischung aus »himmelhoch jauchzend« und »zu Tode betrübt«. Wir erinnern uns daran, wie wenig wir verstanden wurden, wie wankelmütig wir waren, wie sehr wir uns danach sehnten, von anderen akzeptiert zu werden, und wie verzweifelt allein wir uns fühlten. Wir fragen uns, wie das alles angefangen hat und wo, und wie es uns schließlich gelungen ist, weiterzuleben und diesen Zustand hinter uns zu lassen – wenn wir das tatsächlich jemals getan haben.

Die Kindheit war eine Zeit der »aktiven Abhängigkeit«, in der wir völlig auf andere angewiesen waren. Aber wir sind uns auch schon als Kinder dieser Abhängigkeit bewußt geworden und haben darum gekämpft, uns davon zu befreien, auch wenn es uns nicht völlig klar war, wovon oder wofür wir uns eigentlich befreien wollten. Unbewußt spürten wir, daß wir – wie Norton das ausdrückt – »falsch identifiziert« wurden, daß wir in Wirklichkeit nicht Sklaven, sondern wie die »anderen« selbständige Persönlichkeiten und nicht nur »Abkömmlinge« waren. Also faßten wir den Entschluß, uns selbst zu entdecken.

An diesem Punkt haben wir die Brücke von der Kindheit zur Jugend geschlagen. Aber sogar eine ganz erfüllte Kindheit hatte uns nicht ausreichend auf das vorbereiten können, was in der Jugend auf uns wartete. Die Wertbegriffe, Verpflichtungen und Kräfte dieses neuen Lebensabschnittes waren etwas vollkommen Neues für uns. Jetzt wurde von uns eine aggressivere Einstellung zum Leben gefordert, und das, was wir in der Kindheit gelernt hatten, verlor an Bedeutung.

Da wir als Kinder noch keine wirkliche Identität entwickelt hatten, brachten wir in die Jugend weder das »Ich« mit, auf das wir uns hätten stützen können, noch waren uns die Alternativen bewußt, für die wir uns hätten entscheiden können. Beim Eintritt in diese neue Lebensphase glaubten wir, vor einer unüberschaubaren Vielfalt von Möglichkeiten zu stehen, um dann feststellen zu müssen, daß sich nur wenige dieser Möglichkeiten verwirklichen ließen, und das bedeutete manche bittere Enttäuschung. Als wir den Kampf um die Verwirklichung unseres »Ich« aufnahmen, waren wir nicht nur für andere, sondern auch für uns selbst ein ernstes Problem. Da bisher die für uns Verantwortlichen in unserem Namen gesprochen hatten, fehlten uns jetzt das Rüstzeug und die Erfahrung, für uns selbst zu sprechen. Wir mußten neue und persönlichere Symbole finden. In dieser Phase mußte sich der erste und letzte Akt der Befreiung aus der Abhängigkeit der Kindheit vollziehen. Dazu brauchte unser Leben neue Inhalte. Notwendigerweise mußten wir uns jetzt weiter in eine Welt hinauswagen, die uns zunächst fremd und bedrohlich erschien.

Wie bei den meisten Unternehmungen, bei denen es darum geht, durch Versuch und Irrtum* klüger zu werden, mußten wir

---

* Im Original: trial-and-error experiences

zunächst eine eher defensive Haltung einnehmen. Jetzt kam es vor allem darauf an, festen Boden unter die Füße zu bekommen. Wir mußten bereit sein, neue Risiken einzugehen und ohne Rücksicht auf die Folgen gewagte Versuche zu unternehmen. Um den für uns richtigen Weg zu finden, ließen wir uns auf extreme Verhaltensweisen ein und wurden dabei sogar außerordentlich aggressiv. Wir setzten uns mit großer Leidenschaft für bestimmte Ideen ein, gaben sie jedoch ebenso schnell wieder auf, wie wir sie angenommen hatten. Es ist kein Wunder, daß die Bewältigung der Zeit des Heranreifens im jugendlichen Alter als die schwerste Aufgabe im Verlauf der Entwicklung der menschlichen Persönlichkeit angesehen wird. Diese Aufgabe hat zudem die allergrößte Bedeutung; denn hier werden wir zum erstenmal mit der Tatsache konfrontiert, daß in jedem eine einzigartige und unwiederholbare Persönlichkeit angelegt ist, die es zu entwickeln gilt. Zum erstenmal erkennen wir, daß wir etwas anderes sind als die anderen, daß wir wir selbst sind, ein unwiederholbares Ich. Es ist nur ein Jammer, daß die für die Selbstverwirklichung so unbedingt notwendigen und lebenswichtigen Kennzeichen des jugendlichen Alters von den Erwachsenen und der Gesellschaft am entschiedensten abgelehnt werden und deshalb so häufig verkümmern.

So überrascht es nicht, daß eines der größten Probleme im jugendlichen Alter darin besteht, daß sich der Jugendliche von allen anderen mißverstanden, falsch interpretiert und falsch beurteilt glaubt. Wir fühlen uns ausgestoßen, entfremdet und allein gelassen. Die anderen scheinen nicht begreifen zu wollen, daß unser Benehmen, unsere Unbeständigkeit, unsere Aggressivität, unsere Gereiztheit und unsere vorschnellen Urteile nicht persönlich genommen werden dürfen. Sie sind nur Ausdruck einer neuen Methode des Überprüfens und Erforschens unserer eigenen Möglichkeiten. Wir können noch keine endgültigen Entscheidungen treffen; denn wir wissen noch nicht genau, wer wir sind oder welche Alternativen uns offenstehen. Jedes Zögern, jedes fragwürdige Urteil, jede Ungereimtheit in unserem Verhalten zeigt, daß wir dabei sind, unser Selbst bloßzulegen und zu entfalten und damit zurechtzukommen.

Psychologen und Erzieher bemühen sich seit Jahren um die Beantwortung der Frage, weshalb Jugendliche dazu neigen, sich in Gruppen zusammenzuschließen. Sie meinen, der einzelne habe das Gefühl, als Teil einer Gruppe eher zur eigenen Identität finden zu können. Bei näherem Hinsehen würde man vielleicht feststellen, daß dies, wie auch Norton meint, eine sehr oberflächliche Beobachtung ist. In Wirklichkeit fühlt sich der Mensch im jugendlichen Alter einsamer und verlassener als zu irgendeiner anderen Zeit seines Lebens. Wenn er die Gesellschaft Gleichaltriger sucht, dann ist das, wie Norton meint, nur »der Versuch, seine tiefe und völlig bewußt empfundene Einsamkeit zu verdecken«. Der Jugendliche sucht sich auf diese besondere Weise hinter den anderen zu verbergen, um seine Individualität nicht offenbaren zu müssen, bevor er sich ihrer Realität deutlicher bewußt ist.

Diese persönliche Absonderung ist vielleicht sogar die beste Methode, die in der Entwicklungsphase des Jugendlichen entscheidenden geistigen Kräfte zur Wirkung zu bringen. In seiner Einsamkeit findet der junge Mensch den Freiraum, über die ihn bedrängenden Probleme nachzudenken, Erfahrungen zu sammeln und zu versuchen, für sein späteres Leben wichtige Entscheidungen zu treffen. Er muß seine Arbeit wählen, über Heirat und Kinder entscheiden und seinen Lebensstil herausfinden. Er wird Hunderte von Alternativen prüfen müssen, um sich für oder gegen sie zu entscheiden, je nachdem, welches seine persönlichen Bedürfnisse sind, wenn der Wunsch, sich von seinem Elternhaus und seiner Familie zu trennen und ein selbständiger Mensch zu werden, erfüllt werden soll.

Das ist das Hauptproblem für den jungen Menschen. Die Jugend ist die Zeit der Selbstprüfung, der durch Versuch und Irrtum gewonnenen Erkenntnisse, es ist die Zeit, in welcher der junge Mensch die notwendige Selbstsicherheit erwirbt, um zum erstenmal eine Vorstellung von seinem eigenen Ich zu entwickkeln.

Es ist verständlich, daß der junge Mann oder das junge Mädchen, die diese Entwicklungsphase mit allen dazugehörigen äußeren Erscheinungsformen und inneren Konflikten durchleben, auf die Erwachsenen keinen sehr anziehenden Eindruck machen; denn ihr oft »anstößiges« Verhalten wird in den meisten Fällen falsch interpretiert. Es ist jedoch ein Verhalten, das für den Jugendlichen unbedingt notwendig ist, wenn er als Persönlichkeit überleben will; und zum Glück wird sich dieses Verhalten nach einiger Zeit ändern. Wir müssen es jedoch zulassen, wenn der junge Mensch zum Individuum heranreifen und seine eigene, unwiederholbare Individualität annehmen soll. Nur wenn er sich der neugefundenen Identität voll bewußt geworden ist, kann er zum erwachsenen, für sich selbst verantwortlichen Menschen heranreifen.

Die dritte Entwicklungsphase.
Der zur Persönlichkeit herangereifte Erwachsene

Nur wer herangewachsen ist, ohne die besten Charaktereigenschaften zu verlieren, die ihn als Kind ausgezeichnet haben, kann ein wirklich reifer Mensch sein. Er hat sich die fundamentalen emotionalen Kräfte des kleinen Kindes bewahrt, den durch nichts zu erschütternden Eigensinn des Kindes im Vorschulalter, die Fähigkeit, zu staunen, sich zu freuen und zu spielen wie ein Kind im Kindergarten, die Fähigkeit, sein Leben mit anderen zu teilen, und die intellektuelle Neugier der Schülerzeit, den Idealismus und die Leidenschaftlichkeit des Heranwachsenden. Er hat das alles in einer neuen Entwicklungsstufe vereint, die beherrscht wird von der Stabilität, der Weisheit, dem Wissen, der Sensibilität gegenüber anderen, der Kraft und der Zielstrebigkeit des reifen Erwachsenen.

Joseph Stone und Joseph Church,
Kindheit und Jugend. Einführung in die Entwicklungspsychologie.

Der Zustand der Reife ist sowohl statisch als auch dynamisch. Er ist insofern statisch, als er einen ganz bestimmten und in sich abgeschlossenen Zustand darstellt, der sich aus den Komplexitäten, dem Suchen und den Erkenntnissen der Kindheit und Jugend ergibt. In diesem Zustand hat der Mensch die Zeit des Wachstums hinter sich gebracht, ist herangereift und hat einen bestimmten Entwicklungsprozeß abgeschlossen. Doch anders als die Phasen der Kindheit und Jugend, die wir hinter uns gelassen haben, wird sich unsere Reife immer weiter entwickeln und kann während unseres ganzen folgenden Lebens nur noch nach ihrem Ausmaß und ihrer Qualität beurteilt werden. Es verhält sich damit ebenso wie mit der Liebe und dem Wissen; unsere Liebesfähigkeit und unser Wissen erreichen niemals einen Endzustand, wir spüren nur das intensive Verlangen, beides ständig zu erweitern. Deshalb ist auch die Reife ein Konzept des Seins und des Werdens.

Als gereifte Erwachsene haben wir endlich unser Ich, unser Selbst gefunden und sind zu unserer eigenen *Mitte* gelangt, die wir, auch wenn sie nicht voll verwirklicht ist, als einen neuen Anfang annehmen können. Wir erkennen die Dynamik dieser Entwicklung, begreifen, was wir der Vergangenheit verdanken, akzeptieren jedoch, daß die in der Zukunft liegende Verwirklichung unseres Selbst nicht von der Vergangenheit bestimmt wird und unser Leben nicht nur ein Epilog dessen ist, was bereits geschehen ist. Wir entscheiden uns für die Gegenwart. Die Zukunft wird für uns zur Herausforderung, und zwar nicht, weil wir auf etwas warten, sondern weil wir im Jetzt leben, daß es ganz lebendig wird. Wir akzeptieren unser neugefundenes Ich als ein sich ständig veränderndes Konzept, weil wir wissen, daß es ohne solch einen starken, kraftvollen und sich unaufhörlich wandelnden Zustand keine voll verwirklichte Interaktion in einer grenzenlosen Umwelt gibt.

Carl Rogers[5] ist vielleicht einer der führenden Verfechter dieser dynamischen Auffassung vom Begriff der menschlichen Reife. Er ist der Ansicht, daß das erfüllte Leben des Erwachsenen mehr sei als ein statischer Zustand verringerter Spannungen oder eine erstrebenswerte, sich stets gleichbleibende Lebensform, in der wir uns bequem einrichten, indem wir in einer komplexen Gesellschaft funktionieren. Er betrachtet Reife nicht als etwas Endgültiges oder als das Erreichen eines bestimmten Ziels, sondern eher als einen Prozeß, der sich unaufhörlich verändert und weiterentwickelt.

Es gibt zahlreiche Theorien darüber, was eine reife menschliche Persönlichkeit ausmacht. Diese Theorien sagen uns aber nur dann etwas Wesentliches, wenn man sie im Zusammenhang mit den im Einzelfall gültigen kulturellen, ethischen, historischen und Verhaltensnormen untersucht. Man könnte sagen, Freud und Erickson hätten zum Beispiel die Entwicklung zur Reife als die Lösung des Konflikts angesehen, der zwischen der Einzelpersönlichkeit auf der einen und der Gesellschaft auf der

Reife ist nicht ein Ziel, sondern eher ein Prozeß.

anderen Seite entsteht. Die Reife bedeutete für sie ein dynamisches Gleichgewicht des Ichs zwischen diesen beiden Kräften, deren innere sie als das »Es« und deren äußere sie als das »Über-Ich« bezeichneten.

Auf der anderen Seite liegen nach Auffassung von Theoretikern wie Rank, May und Bakan, die zwar auch ein Konfliktmodell akzeptieren, die zueinander im Gegensatz stehenden Kräfte nur innerhalb der Persönlichkeit, und die Reife wird innerpsychisch durch ein dynamisches Gleichgewicht, also durch die Aufhebung der innerhalb der Persönlichkeit bestehenden Gegensätze erlangt.

Andere beachtenswerte Modelle des Reifens der menschlichen Persönlichkeit sind von Rogers und Maslow entwickelt worden, die in der Reifung einen fortlaufenden Prozeß sehen, der sich auf eine ständig intensiver werdende Verwirklichung zubewegt, wobei die Kräfte, welche das in der Einzelpersönlichkeit schlummernde Reifungspotential zur Verwirklichung treiben, ebenfalls innerhalb des einzelnen Menschen liegen. Adler, Allport und Fromm stimmen der Theorie der Befriedigung eines immanenten inneren Bedürfnisses zwar im wesentlichen zu, meinen jedoch, daß es sich um einen Prozeß handelt, bei dem die Vervollkommnung der Persönlichkeit dadurch bewirkt wird, daß der einzelne sich gewisse, durch kulturelle Einflüsse entstandene Wertvorstellungen zu eigen macht und sie im praktischen Leben zu verwirklichen sucht.

Kelly, Maddi und Fiske haben ein Übereinstimmungs-Modell entwickelt, das die Reife des Menschen im wesentlichen in der Fähigkeit sieht, das Gleichgewicht zwischen den eigenen Erwartungen und dem herzustellen, was die Umwelt ihm bietet. Hier liegt der Schlüssel zur Lösung aller Spannungen in der Fähigkeit des einzelnen, die inneren Widersprüche zwischen dem Selbst und dem Feedback der Umwelt abzubauen. Wenn das geschieht, findet der Mensch nach dieser Auffassung zu einer ruhigen, gelassenen Haltung, das heißt, er wird zur reifen Persönlichkeit.

Mit Ausnahme dieses Modells, das von dem reifen Menschen die innere Übereinstimmung mit seiner Umwelt verlangt, sprechen alle Theorien über Reife in erster Linie von der charakteristischen Haltung und der typischen Handlungsweise des reifen Erwachsenen. Zwar gibt es gewisse Meinungsverschiedenheiten darüber, worin die volle Reife besteht, aber in einigen wesentlichen Punkten stimmen die Theoretiker überein.

Es herrscht allgemeine Übereinstimmung darüber, daß reife Menschen ihren Identitätssinn entwickelt haben. Das ist das oben erwähnte »Ichbewußtsein«, das Bewußtsein, daß dieses Ich etwas Besonderes ist und sich von allen anderen unterscheidet. Doch diese Einzelpersönlichkeiten spüren auch ein Bedürfnis nach physischer und psychischer Vertrautheit mit anderen Menschen – ein Bedürfnis nach einer tiefen, bedeutungsvollen Beziehung zu anderen.

Reife Menschen haben das aufrichtige Bedürfnis, produktiv zu sein und das, was sie produzieren, mit anderen zu teilen. Sie wollen schöpferisch tätig sein und das, was sie geschaffen haben, anderen mitteilen. Ihr Leben und ihre Arbeit bringen ihnen Befriedigung und Freude. Sie verbringen, wie Otto Rank sagt, das Leben als »Künstler«, und zwar nicht unbedingt als Dichter oder Maler, sondern eher als Lebenskünstler. Sie investieren ihre Begabungen in alles, was sie tun, und bemühen sich mit großer Phantasie darum, jeden Tag so lebendig wie möglich zu gestalten. Der reife Lebenskünstler ist spontan, aufgeschlossen, flexibel, offen für neue Erfahrungen und mißtrauisch gegenüber der Wirklichkeit. Er hat eine harmonische Beziehung zu den von außen auf ihn wirkenden Kräften, bleibt jedoch autonom und ist immer damit beschäftigt, sein eigenes Leben neu zu gestalten. Er betrachtet seine Existenz als eine Reihe von Entscheidungen, die er ganz persönlich treffen und für die er die volle Verantwortung übernehmen muß. Er interessiert sich für die Welt und die Gesellschaft, in der er und seine Mitmenschen leben, und respektiert diese Welt und diese Gesellschaft, auch wenn er nicht in jeder Hinsicht mit ihnen einverstanden ist. Er kennt seine persönlichen Bedürfnisse und Möglichkeiten und weiß, daß sie oft zu denen anderer Menschen in Widerspruch stehen können. Er weiß aber auch, daß Konflikte positive Kräfte wecken können, die Wachstum und Veränderung fördern.

Der reife Mensch hat eine tiefe geistige und seelische Beziehung zur Natur und zu anderen Menschen und erkennt das Wunderbare in allem Lebendigen und im Leben selbst. Er nutzt seine Möglichkeiten, erkennt sich selbst als Teil des großen Geheimnisses des Lebens und teilt seine Liebe, seine Freude und sein Wissen ganz offen mit anderen, ohne sich damit Vorteile verschaffen zu wollen, und in dem Bewußtsein seiner Verantwortung.

Das Entscheidende ist daher, daß die voll ausgereifte menschliche Persönlichkeit ständig wächst; denn sie hat erkannt, daß Reife kein statisches Ziel, sondern eher ein fortlaufender Prozeß ist und daß das Wesen der Reife darin liegt, daß der Mensch schöpferische und verantwortliche Entscheidungen trifft. Solche Persönlichkeiten haben ein flexibles, aber nonkonformistisches Identitätsbewußtsein, eine positive und lebendige Vorstellung davon, wer sie sind, was sie sein können, und wo ihre Stärken liegen.

Wesentlich für die reife Persönlichkeit ist die Fähigkeit, tiefe, intime und bedeutungsvolle Beziehungen zu anderen Menschen aufzunehmen und zu unterhalten, die sich auf die »bedingungslose Anerkennung« der Einzigartigkeit der anderen gründen. Solche Menschen sind gütig, liebevoll und sexuell ansprechbar; sie sind gesellig, haben viel Gemeinschaftssinn und pflegen Freundschaften mit anderen Menschen. Sie arbeiten produktiv und haben Freude an ihrer Arbeit. Sie sind bereit, sich zu ändern, wenn sie damit sich selbst und anderen sowie der Gesellschaft nützen können, in der sie leben. Sie sind selbstbestimmt, einfallsreich, gutmütig und mit sich selbst, mit anderen und mit der Welt, in der sie leben, zufrieden.

Die vierte Stufe.
Der zu engen persönlichen Beziehungen fähige reife Mensch

Persönlichkeiten wie Buddha oder Christus werden als Vollkommene geboren. Sie verlangen nicht nach Liebe und sie verschenken keine Liebe; denn sie sind die Liebe selbst. Aber wir, die wir immer wieder von neuem geboren werden, müssen die Bedeutung der Liebe entdecken; wir müssen lernen, die Liebe zu unserem Lebensinhalt zu machen, so wie die Schönheit der Lebensinhalt der Blume ist.

Henry Miller,
Insomnia oder Die schönen Torheiten des Alters

Da die intime Vertrautheit im Grunde die Fähigkeit und die Neigung ist, physisch und psychisch enge Beziehungen zu anderen zu unterhalten, und da diese Fähigkeit in gewissem Maß in allen bisher behandelten Entwicklungsphasen verwirklicht werden kann, wird mancher es für seltsam halten, daß wir diesen Aspekt des menschlichen Lebens hier als eine besondere und von anderen zu unterscheidende Stufe besprechen.

Bei der Betrachtung der einzelnen Lebensphasen sind wir nun an den Punkt gelangt, uns mit dem Sichtbarwerden und Annehmen des unwiederholbaren Selbst zu befassen, des *Ich*, das uns unsere Identität verleiht und unserem Leben einen Sinn gibt. Bis dahin waren wir hauptsächlich von anderen abhängig. Um zu überleben, waren wir gezwungen, ihre Wirklichkeit, ihre Wertvorstellungen und ihren Lebensstil zu übernehmen. Wir gebrauchten ihre Worte und folgten in unserem Verhalten ihren Anweisungen. Wir mußten den Kampf ausfechten, von dem William Blake in seinem Gedicht spricht:

Ich muß ein eigenes System erfinden, oder ich werde zum Sklaven des Systems eines anderen.

Ich werde nicht lange überlegen und vergleichen;
meine Aufgabe ist es, schöpferisch zu sein.

Mit dieser Entscheidung haben wir zum erstenmal bewiesen, daß wir reife Menschen sind. Wir haben die Verantwortung dafür übernommen, eine Persönlichkeit zu verkünden und zu schaffen, die es bisher noch nicht gegeben hat. Wir haben klar zum Ausdruck gebracht, daß wir uns in Zukunft gegenüber unserem eigenen Selbst verpflichtet fühlen.

Eine solche Verpflichtung bedingt gewisse natürliche Konflikte. Wenn wir uns von der Versklavung befreien wollen, müssen wir uns für die Freiheit entscheiden und für die Verantwortung, welche die Freiheit mit sich bringt. Wenn wir nicht abhängig sein wollen, müssen wir uns für die Unabhängigkeit entscheiden und die Konflikte akzeptieren, die als Folge einer solchen Entscheidung auf uns zukommen. Wenn wir die Einsamkeit überwinden wollen, müssen wir uns entschließen, enge persönliche Beziehungen zu anderen Menschen aufzunehmen, und zwar mit allen Folgen, die damit verbunden sind.

Der zuletzt genannte Entschluß wird wahrscheinlich zum größten Konflikt führen. Rollo May und Eric Erickson weisen mit besonderem Nachdruck darauf hin, welche große Bedeutung es für uns hat, wenn wir unsere Einsamkeit dadurch überwinden wollen, daß wir uns anderen Menschen öffnen und enge persönliche Beziehungen zu ihnen aufnehmen.

Die Vorstellung, isoliert leben zu müssen, ist für die meisten Menschen furchterregend. Wir haben ein starkes Bedürfnis, mit anderen zusammenzusein und uns durch unsere Beziehungen zu anderen Menschen abzusichern, zu stärken. In jedem von uns lebt ein mächtiges, natürliches Verlangen nach sinnlicher und sexueller Befriedigung. Wir brauchen Nahrung, Unterstützung, Ermutigung, Zuneigung und Liebe. Wir stehen deshalb vor einer grundsätzlichen Entscheidung; wir haben die Wahl, entweder die Intimität enger persönlicher Beziehungen zu suchen, und das verlangt von uns, einen Teil unserer neugewonnenen Selbständigkeit aufzugeben, oder ein einsames, isoliertes Leben zu führen. Die letztere Möglichkeit ist verhee-

Wahre Intimität ist nur dann eine positive Kraft, wenn sie es möglich macht, die eigenen Kräfte und Energien mit denen anderer reifer Persönlichkeiten zu verbinden, um das weitere Wachstum aller zu fördern.

rend, ja bedrohlich und zwingt uns vielleicht, eine der für einen reifen Menschen wichtigsten Entscheidungen zu treffen. Die meisten werden sich unter allen Umständen für die Aufnahme intimer persönlicher Beziehungen zu anderen Menschen entscheiden – denn die Alternative heißt Einsamkeit.

Um selbst zu wachsen und uns richtig einschätzen zu können, brauchen wir immer wieder die Beziehung zu anderen Menschen. Wahre Intimität ist nur dann eine positive Kraft, wenn sie es möglich macht, die eigenen Kräfte und Energien mit denen anderer reifer Persönlichkeiten zu verbinden, um das weitere Wachstum aller zu fördern. Sie setzt den freiwilligen Verzicht auf bestimmte Aspekte der Autonomie des einzelnen voraus, der danach verlangt, *innerlich reicher zu werden.* Vor allem im vertrauten Umgang mit anderen lernen wir deren einzigartige Welt kennen und gewinnen durch ihre Reaktionen ein zutreffendes Spiegelbild unserer eigenen. Aus diesem Grunde ist es so leicht, Menschen zu *lieben,* denen wir nur flüchtig begegnen, und so schwer, den Geliebten oder die Geliebte zu *lieben.* Durch das, was wir für einen Freund empfinden und tun, zeigen wir viel weniger von unserem Selbst und werden wir viel weniger gefordert als durch das, was wir der oder dem Geliebten geben, aber auf längere Sicht wird uns die Beziehung zu einem Menschen, mit dem uns nur eine flüchtige Freundschaft verbindet, viel weniger geben und unser Wachstum viel weniger fördern als die Beziehung zum bzw. zur Geliebten.

Unterschiedliche Grade von Intimität finden sich in den verschiedensten Beziehungen schon am Anfang, je nach den verschiedenen Bedürfnissen. Bei Zufallsbekanntschaften und flüchtigen sexuellen Begegnungen werden die menschlichen Beziehungen weniger intim sein als bei tiefen und über viele Jahre dauernden Freundschaften oder bei der auf die ganze Lebensdauer angelegten Ehe. Oberflächliche Beziehungen und Freundschaften verschaffen dem Menschen vielleicht eine Gelegenheit, über kurze Zeit bestimmte Erfahrungen zu teilen sowie Informationen, Gefühle und Ideen auszutauschen und damit der Einsamkeit und Langeweile entgegenzuwirken. Untersuchungen haben jedoch gezeigt, daß nur jene intimen Beziehungen, die über das rein Gesellschaftliche hinausgehen und uns die Gelegenheit bieten, über längere Zeit ein gemeinsames Leben zu führen, die Voraussetzung dafür schaffen, daß wir uns im positiven Sinne weiterentwickeln und unserem Selbst in angemessener Weise Ausdruck verleihen können, weil nur dann eine vertrauensvolle Atmosphäre entsteht, in der wir uns geborgen, angenommen, sicher und ermutigt fühlen. Nur dann wird es uns wirklich gelingen, unsere Einsamkeit zu überwinden und das Menschliche in uns ohne Furcht und ohne Ablenkung zum Ausdruck zu bringen.

Es ist oft gesagt worden, der beste Beweis für unsere Reife sei unsere Fähigkeit, bedeutungsvolle und dauernde Beziehungen zu anderen Menschen zu entwickeln – Beziehungen, die mit uns wachsen. Erich Fromm sagt: »Der reife Mensch findet sich selbst und seine Wurzeln nur in einem schöpferischen Verhältnis zur Welt und in dem Gefühl des Einsseins mit allen Menschen und der Natur.«

Die fünfte Lebensphase.
Der voll ausgereifte
alte Mensch

Auch der Lebensabend muß seine eigene Bedeutung haben und darf nicht nur das traurige Anhängsel des Lebensmorgens sein.

Carl Jung

Gehe nicht als ein Gezähmter in jenen Abend. Das Alter sollte am Ende des Tages brennen und toben.

Dylan Thomas

Die Tragödie des Alters liegt nicht darin, daß man alt ist, sondern darin, daß man noch jung ist.

Oscar Wilde

Unsere heutige Gesellschaft versucht nicht nur, uns das Recht zu sterben streitig zu machen, sondern sie will uns auch das Recht verwehren, wirklich zu leben. Oft nimmt sie dem Kind die Lebensfreude, verweist den rebellischen Jugendlichen in die Schranken und will ihn davon überzeugen, daß sein Verhalten sinnlos ist, schüchtert den Erwachsenen ein und nimmt ihm die Selbstsicherheit, aber am tragischsten ist es, daß sie uns im Alter die Würde zu nehmen sucht.

Dem alten Menschen wird die Entscheidungsfreiheit geraubt, die zu gewinnen er sein ganzes Leben gekämpft hat, und ohne diese Entscheidungsfreiheit bleibt uns schließlich nichts anderes übrig als einsam, verlassen und hilflos zugrunde zu gehen.

Man erlaubt uns nicht, alt zu werden, ohne uns dessen schä-

Wir stehen vor der Herausforderung, jeder Phase unseres Lebens gerecht zu werden.

men zu müssen. Man sagt uns, ein von Runzeln gezeichnetes Gesicht sei häßlich und abstoßend; das Schwinden der körperlichen Kräfte sei ein Zeichen der Nutzlosigkeit; mit der Trübung der Sinne müsse der alte Mensch jede Hoffnung auf Freude, Genuß und schöpferische Tätigkeit aufgeben. Wir werden veranlaßt, unser Alter zu verbergen, die Falten im Gesicht glätten zu lassen und uns das Haar zu färben. Damit sie anderen nicht zur Last fallen, werden alte Menschen in »Seniorenheimen« untergebracht, und man sagt ihnen, dort könnten sie mit ihresgleichen ein bequemes und friedliches Leben führen.

Das alles zeigt uns, daß irgend etwas mit dem physischen Altern anscheinend nicht ganz in Ordnung ist. Wir übersehen die Tatsache, daß das Altern nicht nur etwas mit den Jahren zu tun hat. Ganz abgesehen vom Zustand und der Gebrechlichkeit des Körpers ist der Mensch, dem dieser Körper dient, deshalb nicht weniger menschlich; er hat immer noch die Fähigkeit zu fühlen, sich mitzuteilen, Freundschaften zu pflegen, schöpferisch und produktiv zu sein.

Es ist gewiß richtig, daß mit zunehmendem Alter ganz bestimmte und deutlich erkennbare biologische und physiologische Veränderungen eintreten. Alte Menschen sind jedoch nach wie vor vollwertige Persönlichkeiten und benehmen sich entsprechend, wenn wir es ihnen erlauben. In den meisten Fällen sind sie im Lauf der Jahre sogar offener und ehrlicher geworden. Senilität ist wahrscheinlich in erster Linie die Folge des Gefühls, nutzlos geworden zu sein und nicht mehr in die Zeit zu passen, und weniger das Ergebnis körperlichen oder geistigen Verfalls.

Die meisten von uns werden vom Alter überrascht. Wir sind uns nur selten unseres Alters bewußt. Wir werden viel eher durch die Haltung anderer Menschen auf unser Alter aufmerksam gemacht als durch unsere eigenen Empfindungen. Sicherlich spüren wir das Nachlassen unserer körperlichen Leistungsfähigkeit, aber das ist noch kein Grund, uns selbst zu bemitleiden, uns gehen zu lassen, bigott zu werden oder uns in die Einsamkeit zurückzuziehen.

Wir stehen vor der Herausforderung, jeder Phase unseres

Wenn wir die Bedeutung des Lebens erkennen wollen, dann wird uns sein Sinn innerhalb jeder Stufe deutlich vor Augen treten, solange wir uns der Herausforderung stellen, an jedem Tag jeden einzelnen Augenblick ganz zu erfüllen.

Lebens gerecht zu werden. Auch das Alter hat einen Sinn, und wir müssen uns entscheiden, auf ihn zu verzichten oder ihn zu erfüllen.

Hoffnung ist ein Teil der Zukunft, und auch im hohen Alter können wir uns für die Hoffnung entscheiden. Das ist nicht die Hoffnung auf Unsterblichkeit oder ewige Jugend und nicht die Hoffnung, die Vergangenheit wieder lebendig machen zu können, weil es uns tröstlich erscheint, in der Vergangenheit zu leben, und es für uns keine bessere Möglichkeit zu geben scheint; es ist vielmehr die in jedem Augenblick unseres Lebens weitergehende Suche nach dem Urgrund des eigenen Selbst. Es wird notwendig, den neuentdeckten Wertbegriffen, Tugenden und Verpflichtungen des Alters und den häufig intensiver gewordenen Gefühlen, Empfindungen und Erfahrungen einen Sinn zu geben.

Maslow bezeichnet diese Phase als »das Leben nach dem Tode«. Er spricht von einer Zeit, in der »alles doppelt kostbar und in geradezu schmerzlicher Weise wichtig wird. Du bekommst einen Stich ins Herz, wenn du Blumen, kleine Kinder und schöne Dinge siehst«.

Der Tod ist für alte Menschen kein Fremder mehr, und zwar in einem sehr realen Sinn; denn in Wirklichkeit stirbt der Mensch immer wieder mit der Vollendung einer jeden Handlung und einer jeden Entwicklungsstufe. Montaigne hat sogar gemeint, »der Tod ist der Augenblick, in dem das Sterben aufhört«. Wenn wir sterben, dann ist die Zeit, die uns geliehen wurde, aufgebraucht. Aber auch das ist für den alten Menschen keine neue Erkenntnis; denn wir haben niemals und in keinem Lebensabschnitt *genug* Zeit gehabt. Doch die Zeit selbst hat keine Bedeutung, wenn Vergangenheit und Zukunft in der Gegenwart enthalten sind. Die Aufgabe des alten Menschen ist es, auch weiterhin im Heute zu leben.

Selbst wenn wir zu der Überzeugung gelangt sind, daß das Leben, ob wir es in Reichtum oder Armut, in Freude oder Verzweiflung, unter Schmerzen oder in Behaglichkeit zugebracht haben, in Wirklichkeit zu nichts geführt hat, müssen wir uns entscheiden, weiterzuleben und voranzuschreiten. Versäumtes Leben ist dafür Grund genug.

Auch der Tod hat einen Sinn. Er bedeutet nicht einfach das Ende des Lebens, sondern er ist, wie Elisabeth Kübler-Ross sagt, die letzte Wachstumsstufe.

Der alte Mensch, der diesen Lebensabschnitt ganz erfüllt, hat keine Zeit, sich auszuruhen und auf den Tod zu warten. Er steht vor der Aufgabe, zwei neue Stufen innerlich zu verarbeiten und zu verwirklichen, das eigene Alter und den eigenen Tod. Alte Menschen müssen Zuversicht gewinnen und in der kurzen Zeit, die ihnen bleibt, etwas Sinnvolles tun. Sie müssen mit der Erkenntnis Frieden schließen, daß sie eines Tages von der Nachwelt überholt oder sogar vergessen sein werden, daß es aber genügt, bewußt gelebt zu haben. Wer dieser Anforderung nicht gerecht wird, versäumt die Gelegenheit, sein Leben in Würde weiterzuführen, indem er sich den Erfahrungen stellt, die ihm das hohe Alter bietet. Das Wertvollste für den alten Menschen sind die ständigen Überraschungen, die das tägliche Leben ihm immer noch bringen kann. Er kann sich für das Leben entscheiden. Er hat es nicht nötig, sich für Verwirrung, Angst, Verzweiflung, Einsamkeit und Isolation zu entscheiden. Er kann das noch nicht verwirklichte Potential in sich selbst entdecken und weiter an der Verwirklichung dieser Möglichkeiten arbeiten.

Die Bedeutung des Lebens läßt sich nicht entdecken, wenn man nur auf den Ablauf der Ereignisse von der Kindheit bis ins hohe Alter zurückblickt. Das Leben ist mehr als Geborenwerden, Aufwachsen und Reifen. Wenn wir die Bedeutung des Lebens erkennen wollen, dann wird uns sein Sinn innerhalb jeder Stufe deutlich vor Augen treten, solange wir uns der Herausforderung stellen, an jedem Tag jeden einzelnen Augenblick ganz zu erfüllen.

Wir haben die Werkzeuge in der Hand, die wir brauchen. Es sind die uns bei unserer Geburt in dieses Leben mitgegebenen Möglichkeiten, und es ist die Zeit des Lebens und des Sterbens... eines Lebens, das uns gegeben wurde, damit wir es

»ausleben«. Das Selbst, das wir heute sind, enthält das ganze Potential, dessen Verwirklichung uns erfüllen wird. Das ist die Herausforderung, vor der wir stehen.

3.
Einige Grundauffassungen über die voll ausgereifte Persönlichkeit

Der Mensch ist heute fähig, alle anderen Lebensformen zu beherrschen, weil er mehr Zeit darauf verwendet hat, sich zu entwickeln. Wenn er sich noch mehr Zeit nimmt und diese Zeit mit mehr Weisheit nutzt, wird er es vielleicht lernen, sich selbst zu beherrschen und einen neuen Menschen aus sich zu machen.

Will Durant, *The Story of Philosophy**

Der Sinn des Lebens ist es schließlich, zu leben, bis an die äußersten Grenzen dessen zu gehen, was wir erfahren können, begierig und furchtlos nach immer neuen und reicheren Erfahrungen zu greifen.

Eleanor Roosevelt

* In wörtlicher Übersetzung: »Die Geschichte von der Philosophie«

Über mehr als 40 000 Jahre, mindestens seit der Zeit des Neandertalers, bemühen wir uns, das Wesen der menschlichen Person zu verstehen. Lebewesen unserer Art haben uns viele Rätsel aufgegeben, und die Komplexität und Verworrenheit ihrer Natur und der von ihnen geschaffenen Gesellschaften überwältigen uns. Wir setzen alles daran, das Phänomen Mensch besser zu begreifen, weil wir hoffen, daß wir dann mit unseren Mitmenschen und uns selbst harmonischer zusammenleben können.

Wir wundern uns darüber, daß der Mensch sich in verhältnismäßig kurzer Zeit fast explosionsartig zu dem entwickelt haben muß, was er heute ist. Wir sind erstaunt, wenn wir überlegen, daß der heutige Mensch praktisch den gleichen Körper und das gleiche Gehirn besitzt wie seine Vorfahren zur Eiszeit, daß jedoch dieses Gehirn Ideen, Glaubenssysteme, Sitten und Gebräuche hervorgebracht hat, die uns um Welten von diesen Vorfahren trennen.

Seit der Zeit, da vor etwa 25 Jahrtausenden die ersten Symbole in die Wände einer dunklen Höhle irgendwo im heutigen Westeuropa eingeritzt wurden, verfügen wir über eine fortlaufende Reihe von Beweisen, die uns zeigen, daß die Erfindungsgabe des Menschen im Hinblick auf die Gestaltung eines möglichst angenehmen Lebens ständig gewachsen ist.

Im Verlauf der Geschichte hat der Mensch Ideen entwickelt, die nicht verlorengegangen sind, sondern auf das Leben der Menschen, ihre Ethik und ihren Lebensstil einen ungeheuer starken Einfluß gehabt haben. Viele dieser Ideen sind zu formalen philosophischen und religiösen Systemen weiterentwickelt worden, die von Millionen von Menschen als ihre Lebensweise (als *Lebensweg*) angenommen worden sind.

Wir haben nicht den Versuch unternommen, diesen ganzen Themenkreis zu behandeln; denn das wäre unmöglich gewesen und würde Bände füllen. Über diese Philosophien und ihre Ethik ist viel geschrieben worden, und der interessierte Leser kann sich an anderer Stelle darüber informieren. Wir haben auch nicht versucht, in der kurzen Darstellung der sozialen, religiösen und philosophischen Systeme, die wir hier behandeln, ein umfassendes Bild zu zeichnen. Das wäre angesichts des unermeßlichen Reichtums dieses Themas und meiner begrenzten Fähigkeiten und Kenntnisse niemals möglich. (Der Leser wird sehr bald feststellen, daß ich auf dem Gebiet der vergleichenden Geschichte der Philosophie und der Religionswissenschaft nur ein Dilettant bin.) Schließlich ginge ein solcher Versuch auch weit über den beabsichtigten Umfang und Zweck dieser Arbeit hinaus.

Ich habe deshalb beschlossen, nur sehr kurz und simpel und auch nur zu ganz bestimmten Fragen Stellung zu nehmen. Ich bin überzeugt, daß man mich dafür scharf kritisieren wird. Bei denjenigen, deren Mißfallen ich errege oder die ich irritiere, entschuldige ich mich schon jetzt. Aber ich muß es riskieren, kritisiert zu werden; denn ich verfolge einen vielleicht sehr ausgefallenen, aber doch recht einfachen Zweck. Ich möchte illustrieren, daß alle Menschen im Grunde den gleichen Verhaltensregeln folgen, auch wenn wir uns in unseren religiösen Vorstellungen und in der religiösen Praxis ganz wesentlich unterscheiden. Es ist jedoch der gemeinsame Nenner des Verhaltenskodexes, der uns auf der Ebene des Menschlichen miteinander verbindet und uns geholfen hat, zu wachsen und zu überleben. Aus dieser Perspektive läßt sich die Universalität des Begriffs der voll ausgereiften menschlichen Persönlichkeit historisch nachweisen.

Der Weg des Taoismus

Wenn wir einen Namen brauchen, dann benennt das Wort
Wunder beides (das Geheimnis und seine Offenbarung);
Von Wunder zu Wunder
Öffnet sich das Sein.

Lao Tse, *Der Weg*

Seit mehr als zweitausend Jahren ist ein sehr großer Teil der Weltbevölkerung entscheidend durch eine ungeheuer vitale Philosophie, den Taoismus, beeinflußt worden.

Der Taoismus ist zur Zeit des Mittleren Reiches, etwa im 3. oder 4. Jahrhundert v. Chr., in China entstanden. Der Begründer war Lao Tse als Verfasser eines kurzen, weniger als 6000 Worte umfassenden Werkes mit dem Titel *Das Tao* (Der Weg). Seine Philosophie ist später von dem genialen Philosophen und Dichter Tschuang Tsu in der zweiten Hälfte des 4. Jahrhunderts v. Chr. erweitert und interpretiert worden.

Die taoistische Philosophie will vor allem den einzelnen auf den Weg zur inneren Integration und Harmonie führen. Es ist eine nonkonformistische Philosophie. Sie sagt, daß wir unser ganzes menschliches Potential nur verwirklichen können, wenn wir alles, was wir bisher gelernt haben, wieder verlernen; nur dann kehren wir zu der Harmonie mit der übrigen Welt zurück, die am Anfang unseres Lebens bestanden hat.

Der Egoismus wird als Wurzel aller Disharmonie und damit als Hauptursache für das menschliche Leiden angesehen. Aus diesem Grund soll sich der Mensch darum bemühen, sein Ego aufzugeben. Mit dem Verzicht auf die vom menschlichen Ego diktierten Wünsche lösen sich auch alle inneren Konflikte.

Lao Tse meint daher, der wirklich reife Mensch habe nur wenige Wünsche und sei frei von allen Bindungen an Personen und Dinge. Sein Leben werde bestimmt von Selbstachtung und nicht von Maßstäben, die andere festgelegt haben. Er strebe nach natürlicher Einfachheit und Spontaneität und habe sich von allem Gekünstelten und allen Zwängen befreit.

Der Taoist, der die Lebensregeln des Lao Tse befolgt, wird nicht mehr von seinen Emotionen beherrscht. Er strebt danach, seine eigenen Stärken und Schwächen objektiv und zutreffend zu erkennen. Er sieht sich als ein einzigartiges, unwiederholbares Lebewesen, das aus diesem Grund mit keinem anderen im Wettbewerb steht. Der Taoist übt sich im »Nicht-Tätigsein«. Das Nicht-Tätigsein ist für ihn kein passiver Zustand, sondern eine subtile Form des Tätigseins. Diese Haltung wird am Beispiel des Wassers veranschaulicht. Lao Tse schreibt:

So wie das sanft nachgiebige Wasser den widerspenstigen Stein aushöhlt,
so wird das Unlösbare gelöst, wenn wir den Forderungen des Lebens nachgeben:
Nachzugeben heißt, wie ich gelernt habe, soviel wie zurückkehren.
Aber diese wortlose Lehre,
dieses einfache Beispiel,
ist dem Menschen unverständlich.

Der Taoist glaubt an die Kraft der Moral und nimmt deshalb Rücksicht auf die Gesellschaft und die Gefühle anderer Menschen. Er vermeidet es, andere zu beurteilen, und versucht, mehr auf die Haltung als auf die Handlungen anderer Menschen zu reagieren. Er lehnt Gewalt, Unterdrückung und Machtausübung ab. Er weigert sich, die Natur zu beherrschen oder andere Menschen auszubeuten. Er bemüht sich statt dessen darum, freundlich mit seinen Mitmenschen und der Natur zusammenzuarbeiten. Sein Ziel ist die Harmonie mit allen Menschen und Dingen. Alle Menschen und Dinge sollen die Möglichkeit haben, selbst ihr Schicksal zu bestimmen. In dieser Haltung sieht der Taoist den Ausdruck menschlicher Reife.

Lao Tse und ganz besonders Tschuang Tsu haben immer wieder betont, daß sich der aufrichtige Taoist immer darum bemühen soll, über sich selbst hinauszuwachsen. Damit ist gemeint, daß er lernen soll, alle Dinge nicht aus der Perspektive des Ich, sondern als eine im letzten Sinne undifferenzierte Ganzheit zu erkennen. Schmerz und Verzweiflung entstehen durch ein Herausbrechen aus dieser Ganzheit. »Der Weg« zum sinnvollen Leben geht über die Transzendierung aller Unterscheidungen, aller Verschiedenheiten und alles Trennenden; denn durch solche Unterscheidungen entstehen nur Bruchstücke, die zur Schwäche und Hilflosigkeit führen. Das Gegenteil der Zerstükkelung ist die universale Ganzheit, der Glaube an diese Ganzheit und die Liebe. Der Kern der taoistischen Liebe ist die Fähigkeit, als Teil des Ganzen mit allen Dingen eins zu werden.

Der überzeugte Taoist glaubt, daß dem Menschen ein natürliches Rechtsempfinden und Herzensgüte angeboren sind. Er bemüht sich deshalb darum, ein naturgemäßes Leben zu führen und Konflikte durch Friedfertigkeit, Trennung durch Einigkeit, Verwirrung und Chaos durch Liebe und Transzendenz zu überwinden.

Der Weg des Konfuzianismus

Was nun den Weg betrifft – der intelligente Mensch geht darüber hinaus, der törichte geht nicht weit genug.

Aus dem *Tschang Jong* 4

Konfuzius sagt:
...Wenn der Mensch die Grundsätze der Gewissenhaftigkeit und der Wechselseitigkeit befolgt, ist er nicht weit von dem das Universum beherrschenden Gesetz. Was du nicht willst, daß andere dir antun, tue auch ihnen nicht an.

Aus: *Der goldene Mittelweg des Tsesze* XIII

Konfuzius wurde etwa um die Zeit des Buddha in Indien und des Pythagoras in Griechenland 552 v. Chr. in China geboren.

Wie die meisten großen geistigen und moralischen Führer hat er selbst nichts geschrieben. Seine Lehren wurden ein Jahrhundert nach seinem Tode (von seinen Jüngern) in vier bedeutenden Werken, den sogenannten *Shu* (den vier klassischen Büchern) aufgezeichnet. Von diesen vier Büchern gilt das *Luen Ju* als das ethisch bedeutsamste.

Konfuzius war ein Mensch und kein Gott. Er hat keine allgemeingültigen Theorien entwickelt. Von ihm stammen keine menschlichen oder göttlichen Gebote. Er hat es vermieden, sich mit mystischen oder spirituellen Fragen zu beschäftigen; ihm ging es vielmehr um konkrete Alltagsprobleme und die komplexen Fragen und schwierigen Situationen des Lebens.

Man bezeichnet ihn als den bedeutendsten Lehrer in der Geschichte Chinas, der sein ganzes Leben der Verbreitung humanistischer Ideen und der Erziehung seiner Schüler zum moralischen Verhalten gewidmet hat. Man kann ihn wohl eher als Sozialreformer und weniger als religiösen Führer bezeichnen. Er sah seine Hauptaufgabe darin, die Menschen zu ermutigen, sie selbst zu sein, und ihnen die Weisheit zu vermitteln, die es ihnen ermöglichen sollte, sich aktiv an der Gestaltung der Gesellschaft zu beteiligen, in der sie lebten. Der Sinn jeder Selbstverwirklichung ist nach Konfuzius das Erkennen unserer Rolle in dem fortlaufenden Prozeß, der darin besteht, die Welt zu ordnen und zu harmonisieren.

Im fünften Kapitel des umfassenden Werkes *Das große Wissen* sagt Konfuzius:

> Die Alten, die der Welt ihren untadeligen Charakter zeigen wollten, bemühten sich zunächst darum, Ordnung in ihren Staat zu bringen. Diejenigen, die Ordnung in ihren Staat bringen wollten, ordneten zunächst ihren eigenen Haushalt. Diejenigen, die ihren eigenen Haushalt ordnen wollten, kultivierten zunächst ihre eigene Persönlichkeit.

Er fährt fort:

> Diejenigen, die ihre Persönlichkeit kultivieren wollten, bemühten sich zunächst darum, Ordnung in ihren Geist zu bringen. Diejenigen, die Ordnung in ihren Geist bringen wollten, bemühten sich zunächst um die Aufrichtigkeit ihres Willens. Diejenigen, die sich um die Aufrichtigkeit ihres Willens bemühten, erweiterten zunächst ihr Wissen. Die Erweiterung des Wissens geschieht durch die Erforschung der Dinge. Wenn die Dinge erforscht werden, erweitert sich das Wissen. Wenn sich das Wissen erweitert, festigt sich der Wille. Wenn der Wille gefestigt ist, wird der Geist in die richtigen Bahnen gelenkt. Wenn der Geist in die richtigen Bahnen gelenkt wird, wird die Persönlichkeit kultiviert.

Dem Anhänger der Lehre des Konfuzius wird hiermit der Weg zur Vervollkommnung seiner Menschlichkeit gewiesen. Es ist die Anweisung zur aktiven Erforschung der Welt mit dem Ziel der Erweiterung des Wissens; mit diesem Wissen werden Geist und Willen gestärkt, und das führt zur Kultivierung der Persönlichkeit und der Gesellschaft. So entwickelt sich das »Yen«, die vollkommene Harmonie, bei der es vor allem auf die Zunahme der Selbstachtung, der Großherzigkeit, der Vertrauenswürdigkeit, der Loyalität, der Sorgfalt und der Wohltätigkeit ankommt.

Die reife Persönlichkeit befindet sich nach Konfuzius nicht in einem Zustand der Vollkommenheit, sondern vielmehr in einem sich ständig verändernden, sehr menschlichen Zustand, der oft von Angst und Sorge gekennzeichnet ist. Von sich selbst sagt er: »Mich nicht um die Verwirklichung der Tugend zu bemühen, mir nicht deutlich zu machen, was ich lernen will, nicht zu erreichen, was ich für meine Pflicht halte und mich nicht um meine eigenen Fehler zu kümmern, das sind meine Ängste und Sorgen.« (*Luen Ju*, VII, 3).

In dem ausgezeichneten Buch mit dem Titel *Confucius and Chinese Humanism** (1969) vermittelt uns der Verfasser, Pierre Du-Dinh, eine sehr lebendige Vorstellung von der Persönlichkeit des Konfuzius. Da Konfuzius in vorbildlicher Weise seine Vorstellungen von der voll ausgereiften Persönlichkeit in seinem eigenen Leben verwirklicht habe, glaubt Du-Dinh, im einzelnen auf die Eigenschaften des Weisen eingehen zu sollen. Er berichtet: »Er war gütig, ruhig, ernst und achtunggebietend, ohne Furcht zu erregen. Er war nüchtern und heiter, zugleich aber auch liebenswürdig und frohen Mutes. Er begegnete anderen Menschen mit Respekt und reagierte spontan auf ihre Bedürfnisse. Er wirkte vornehm und bescheiden, hatte eine zutreffende und klare Vorstellung von sich selbst und bemühte sich nach Kräften, so zu sein, wie er es für angemessen hielt.« Ein in der Tat vorbildlicher Mensch!

Persönlichkeiten, die sich darum bemühen, den Idealvorstel-

---

* In wörtlicher Übersetzung: Konfuzius und der chinesische Humanismus

lungen des Konfuzius zu entsprechen, sollten nicht nur ihr eigenes Selbst kultivieren und harmonisieren, sondern ebenso wichtig wären für sie harmonische Beziehungen zu anderen Menschen. Nach diesen Vorstellungen könnte jemand nur dann als ganzer Mensch bezeichnet werden, wenn er mit einem oder mehreren anderen verbunden ist. Das Wesentliche an dieser Verbindung ist die Liebe; denn ohne Liebe wäre es unmöglich, sich zur vollwertigen Persönlichkeit zu entwickeln.

Nachlässigkeit, Heuchelei, Unaufrichtigkeit, Arglist, Egoismus oder Provinzialismus haben daher im Weltbild des Konfuzius keinen Platz; denn nach seiner Lehre kommt es auf die Vereinigung aller Dinge in der Aufhebung der scheinbaren Polarität zwischen Selbsthingabe und Selbstliebe an, die ja in Wirklichkeit zusammengehören.

Ein ganzer Mensch kann nur werden, wer nach der Kultivierung und Vervollkommnung seiner menschlichen Qualitäten strebt und das Einswerden des eigenen Selbst auf die anderen, den Staat und die Welt überträgt.

Der Weg des Buddhismus

Der Böse, der den Tugendhaften schmäht, gleicht dem Menschen, der seinen Blick nach oben richtet und den Himmel anspuckt; sein Speichel beschmutzt nicht den Himmel, sondern fällt wieder herab und beschmutzt ihn selbst.

Buddha,
Die Sutra mit den 42 Abschnitten

Es gibt zwei Extreme, o Brüder, die der Heilige meiden sollte – die gewohnheitsmäßige... Genußsucht, denn sie ist vulgär und nutzlos... und die Selbstkasteiung, denn sie verursacht Schmerzen und ist ebenso nutzlos.

Buddha,
Die Predigt in Benares

Das religiöse Leben, Malunkyapulta, stützt sich nicht auf das Dogma, daß die Welt ewig sei; auch stützt sich das religiöse Leben, Malunkyapulta, nicht auf das Dogma, daß die Welt nicht ewig sei. Ohne Rücksicht auf das Dogma... bleiben Geburt, Alter, Tod, Kummer, Klagen, Elend, Sorgen und Verzweiflung. Und gegen diese irdischen Zustände richtet sich meine Lehre.

Buddha, *Das Majjhima-Nikaya*

Die Lehre des Buddhismus ist das Ergebnis eines ungewöhnlich feinfühligen, verständnisvollen Bemühens um die Erforschung des Wesens und der Ursachen des menschlichen Leidens. Es sind die Gedanken des indischen Prinzen Siddhartha Gautama, der im 6. Jahrhundert v. Chr. gelebt hat und den Sinn des Leidens, der Krankheit, des Alterns und des Todes zu ergründen suchte. Im Alter von 29 Jahren begann er seinen Weg auf der

Suche nach der Wahrheit, der ihn schließlich durch eine Reihe wesentlicher Erfahrungen zur Erleuchtung und zu dem Wissen führte, das seine Fragen beantwortete, zur Buddhaschaft und zu einem ethischen Konzept, zu dem sich heute mehr als 150 Millionen Menschen bekennen.

Heute gibt es drei verschiedene buddhistische Schulen. Eine eher konservative Form ist der Hinayana-Buddhismus; eine nicht ganz klar abgegrenzte Schule ist der Mahayana-Buddhismus, und beim sogenannten tantrischen Buddhismus steht die Esoterik im Mittelpunkt. Jede dieser Richtungen interpretiert die Lehren des Buddha etwas anders, und zwar richtet sich das nach der Sozialstruktur und der historischen Periode, in der sie entstanden ist. Es ist daher schwierig, viele allgemeine Grundsätze zu finden, die von allen drei Schulen voll akzeptiert werden könnten. Dennoch gibt es in der Ethik beachtliche Gemeinsamkeiten. So darf man zum Beispiel sicherlich sagen, daß alle Schulen sich um die Lösung menschlicher Konflikte durch die innere Integration der Persönlichkeit bemühen. Das geistige Ziel ist die harmonische Vereinigung des einzelnen mit dem Absoluten. Um auf diese Weise in der Transzendenz die Erleuchtung zu erlangen wie Buddha, bedarf es unter Umständen einer ganzen Reihe von Wiedergeburten. Diese Vorstellungen sind das Fundament der Lehre des Buddha.

Der Buddhismus beschäftigt sich also in erster Linie mit dem Menschen und seinem Leben auf dieser Erde – mit dem Leiden und mit der Frage, wie dieses Leiden aufgehoben werden kann. Der Buddhist sieht das Leben als ein dynamisches Werden und nicht als ein statisches Sein, und alle Dinge im Leben sind für ihn vergänglich und steter Veränderung unterworfen; sie werden entweder erzeugt oder verfallen und sterben. Nach buddhistischer Lehre führt das Festhalten am Vergänglichen zum Leiden, aber das Leiden kann überwunden werden. Der Weg zur Überwindung des Leidens ist die Befolgung des »edlen achtfachen Pfades«. Er besteht aus rechter Anschauung, rechtem Sichentschließen, rechtem Reden, rechtem Handeln, rechtem Lebensunterhalt, rechtem Mühen, rechtem Gedenken des Jetzt und rechter Konzentration.

Nach buddhistischer Auffassung entstehen alle Konflikte durch unsere Begierde. Es ist die Begierde des Menschen, die zu Habgier, Wollust, Haß und Abhängigkeit führt. Deshalb ist es notwendig, diese Begierden zu transzendieren; denn sie stellen das Irrationale dar, das uns daran hindert, die Wirklichkeit so zu erkennen, wie sie ist. Die Begierden erzeugen außerdem die Dualität, die Subjekt und Objekt voneinander trennt und Konflikte verursacht.

Das Transzendieren des eigenen Selbst läßt sich durch die gewissenhafte Befolgung der Regeln des »mittleren Pfades« erreichen – eines gemäßigten, aber umfassenden und praktischen ethischen Systems. Die Transzendenz oder Erleuchtung kann aber auch intuitiv und spontan in einem Augenblick der direkten Begegnung mit dem Absoluten erfolgen.

Zu einem erfüllten Leben gehören für den Buddhisten menschliche Güte, Tugendhaftigkeit, Liebe, Mitgefühl, Nichtverletzen, Freigebigkeit, Mäßigung, Verzicht auf berauschende Getränke, die »goldene Regel« und die Rücksichtnahme auf den Mitmenschen.

Der als Persönlichkeit ständig wachsende Anhänger der buddhistischen Lehre führt daher ein sittliches Leben, nimmt seine Umwelt bewußt wahr, sucht ständig sein Wissen zu erweitern und hat sich von Begierden und Erwartungen befreit. Der Buddhist läßt sich mehr von der Ratio als von seinen Emotionen leiten, wenngleich Liebe, Güte und Mitgefühl ebenso gefordert werden wie Ehrlichkeit, Achtung, Höflichkeit, Gastfreundschaft, Freigebigkeit und die Beachtung der Rechte anderer.

Der Weg des Buddhisten ist ein einsamer Weg. Er ist im höchsten Maße individualistisch und nach innen gerichtet. Der Buddhist ist nur sich selbst verantwortlich und braucht keine Bestätigung durch andere.

Der Weg des Hinduismus

Wisse, daß das Selbst im Streitwagen sitzt; der Körper ist der Wagen, der Intellekt ist der Wagenlenker und das Bewußtsein die Zügel. Die Sinne, so sagt man, sind die Rosse, und die von den Sinnen wahrgenommenen Gegenstände ihre Straßen. Wenn das Selbst mit dem Körper, den Sinnen und dem Bewußtsein vereinigt ist, dann bezeichnen es die Weisen als den Genießer.

Upanischaden V

Verlasse dich nicht auf andere, sondern stütze dich auf dich selbst... Wahres Glück wird aus Selbstvertrauen geboren...

Die Gesetze des Manu

Wissen ist das Heiligste des Heiligen, der Gott der Götter, und verdient die Achtung gekrönter Häupter; ohne Wissen ist der Mensch nur ein Tier. Die Einrichtung und die Möbel des Hauses können von Dieben gestohlen werden, aber das Wissen, der kostbarste Schatz, ist vor den Dieben sicher.

Die Puranas II

Der Hinduismus vereinigt in sich eine Vielzahl von Religionen. Er ist die älteste Hochreligion der Welt und hat wenigstens 230 Millionen Anhänger.

Die heiligen Schriften, die das Fundament der modernen hinduistischen Ethik bilden, sind neben anderen in erster Linie das *Mahabharata* und das *Ramayana*. Das erstere enthält die tiefgründige und wunderschöne *Bhagavad Gita*, den »Gesang des Erhabenen«.

Der Hinduismus ist eine der humansten Religionen. Was ihm an abstrakt Begrifflichem, an Verboten und fein ausgeklügelten Theorien fehlt, gleicht er mit seiner Menschlichkeit aus. Sogar die hinduistischen Götter haben als Menschen unter anderen Männern und Frauen auf dieser Erde ein tätiges und leidenschaftliches Leben geführt.

Im Mittelpunkt des hinduistischen Denkens steht die Überzeugung, daß unsere physische Existenz vergänglich und daher bedeutungslos ist. Der Mensch soll sein Dasein im universalen Sinne begreifen. Zur Befreiung führt entweder ein kontemplatives Leben des Verzichts auf alles Handeln, das der Meditation und dem Streben nach Erkenntnis geweiht ist, oder ein Leben des selbstlosen Handelns in der Erfüllung der täglichen Obliegenheiten und Pflichten.

Krischna als Inkarnation Gottes gibt dem ihn liebenden und nach Selbstverwirklichung strebenden Ardschuna in der *Bhagavad Gita* seine Anweisungen für den »Yoga der Hingabe«. Er unterweist den Ardschuna in den folgenden Regeln für eine menschenwürdige Lebensführung:

Kein lebendig Geschöpf soll der Mensch hassen. Möge er freundlich und teilnehmend sein mit allen. Frei muß er sich machen vom Irrtum des »Ich« und des »Mein« und mit gleicher Gelassenheit hinnehmen Freude und Leid. Er muß versöhnlich, zufriedenen Herzens und selbstbeherrscht sein...

Er ist rein und unabhängig von allem Begehren des Leibes. Auf Unerwartetes ist er gefaßt, vorbereitet auf alles und durch nichts zu verwirren. Weder kennt er Eitelkeit, noch ist er besorgt um die Ergebnisse all seines Tuns.

Das Angenehme erregt nicht seine Begierde, noch genießt er es über die Maßen. Unangenehmes fürchtet er nicht, noch grämt er sich darüber. Unbewegt bleibt er durch gutes oder ungutes Schicksal.

Gleichmäßig ist sein Verhalten vor Freund und vor Feind. Gleichmütig ist er in Ehr' und Schmach, in Hitze und Kälte, Freude und Leid. Frei ist er von aller Bindung. Gleichwertig sind ihm Tadel und Lob. Seine Worte kann er beherrschen; er ist zufrieden mit allem, was er erhält. Überall ist seine Heimat und nirgends.

Am Ende seines Gesprächs mit Ardschuna sagt Krischna:

Nun habe ich dich diese Weisheit gelehrt, das Geheimnis aller Geheimnisse. Sinne ihm sorgfältig nach. Dann handle so, wie du es für das Richtigste hältst. Dies ist das letzte Wort, das ich dir sagen werde, die tiefste aller Wahrheiten.

Damit endet die *Bhagavad Gita*.

Auch die 18 Bücher der *Puranas* über die »uralte Liebe« enthalten Anweisungen für das Leben des reifen Menschen. Im Abschnitt II lesen wir unter der Überschrift »Weise Ratschläge« das Folgende:

Vermeide die Gesellschaft selbstzufriedener Intellektueller. Sitze in der Versammlung der Aufrichtigen; suche den Umgang mit den Guten und Tugendhaften.

Die Niedrigen und Gemeinen suchen stets nach den Fehlern anderer, auch wenn sie nur so klein sind wie Senfkörner, und verschließen die Augen vor den eigenen, mögen sie auch so groß sein wie Kürbisse.

Freiheit oder Unabhängigkeit ist das einzige Glück, das dem Menschen beschieden ist.

Das wahre Glück liegt im Auslöschen aller Gefühle.

Sorgen sind dort, wo Erregung ist. Verzichte auf jede Erregung, und du wirst glücklich sein.

Ein umfassender, tiefer und kindlicher Glaube an alles, eine universale Güte und das sorgfältige Enthüllen ihrer eigenen, in ihr schlummernden göttlichen Tugend sind die Kennzeichen der edlen Seele.

Wenn also der Mensch den weisen Lehren des Hinduismus folgt, besitzt er eine umfassende, in jeder Lebenslage anzuwendende Ethik, deren Kern Wahrheit, Güte und Rechtschaffenheit sind. Im *Mahabharata* lesen wir:

Das ist die Summe aller Weisheit – Rechtschaffenheit.
Ob der Mensch nun Freude weckt oder Schmerzen zufügt,
Anderen Gutes tut oder sie verletzt,
Den rechten Maßstab für sein Handeln wird er gewinnen,
Wenn er im Nächsten sein eigenes Selbst erkennt.

Der Weg des Islam

Schuldlos sind jene, die an das Gute glauben und rechtschaffen handeln – Gott liebt die Vollbringer guter Taten.

Der Koran

Du siehst die Übeltäter in Furcht vor ihrem gerechten Lohn zittern, der ihnen zuteil werden wird; aber jene, die glauben und rechtschaffen handeln, erfreuen sich des grünen Grases der Gärten.

Der Koran

Als Lohn dafür bitte ich dich um nichts als um die Liebe für deine Sippe; und wer eine gute Tat vollbringt, dessen Gut werden wir in Anerkennung dieser Tat vermehren.

Der Koran

Der Islam ist eine der jüngsten religiösen Lehren der Welt und vielleicht die am weitesten über die Erde verteilte. Er hat mehr als 200 Millionen Anhänger. Er wurde von Mohammed (570–632 n. Chr.) in Mekka gegründet, von einem Araber, der verkündete, seine Lehre gründe sich auf eine göttliche Offenbarung. Später wurden seine Glaubenssätze im *Koran*, dem heiligen Buch des Islam, zusammengefaßt.

Nach übereinstimmender Auffassung der Religionswissenschaft war Mohammed ein echter moralischer Reformer. Er behauptete, jeder Mensch sei verantwortlich dafür, wie er sein Leben gestalte; denn »am Tag des Gerichts wird ein jeder nur für sich selbst zur Verantwortung gezogen«. Als Araber verkündete Mohammed die brüderliche Verbundenheit aller Araber, und innerhalb dieser Gemeinschaft erklärte er Gerechtigkeit und Nächstenliebe zu den vornehmsten sittlichen Geboten.

Von den für ein sittliches Leben geltenden Geboten und Verboten hatte er eine sehr klare Vorstellung.

Zu den höchsten Tugenden gehört das Almosengeben. Ebenso wichtig und damit verwandt sind die Gastfreundschaft, Herzensgüte, Achtung vor dem anderen und ein starker Gemeinschaftssinn. Die Angehörigen der Glaubensgemeinschaft des Islam mögen noch so weit über die Welt verstreut sein, sie gehören dennoch alle dieser einzigen Gemeinschaft an. Der Islam bekennt sich zu einem einzigen absoluten Gott und erkennt mit tiefem Verständnis die Menschlichkeit von Personen an, die versuchen, mit diesem Gott und der Welt im Einklang zu leben, in der sie ihren Weg gehen müssen.

Nach der islamischen Tradition ist es ein besonderes Vorrecht, als Mensch geboren zu sein; denn das gibt einem die Möglichkeit, an der Verwirklichung des göttlichen Schöpfungsplans teilzunehmen. »Wohlan«, sagt der *Koran* (XXXIII; 72), »wir haben den Himmeln, der Erde und den Bergen das Vertrauen angeboten, doch sie weigerten sich, uns anzuhören, und fürchteten sich. So hat der Mensch diese Aufgabe übernommen.« Darin liegen für den Moslem die Bedeutung, die Größe und der Ernst des geistigen Ranges des Menschen.

Der *Koran* besteht im wesentlichen aus drei Arten von Aussagen für das Leben des Menschen: eine dogmatische Aussage über den Platz, den der Mensch in der realen Welt einnimmt, eine metaphysische Aussage über das Wesen des Absoluten und eine dogmatische Aussage über das menschliche Leben, die Existenz und ihre Bedeutung. Dieser letztere Aspekt geht im einzelnen auf die Lehren ein, die dem frommen Moslem das Verständnis dafür vermitteln, wer er ist, wo er sich befindet, wohin er geht und auf welchem Wege er sein Ziel erreichen kann.

Zwar liebt der Moslem diese Welt auf eine ganz menschliche Weise, er weiß jedoch, daß er, wenn er die Gebote des *Koran* befolgt, den Frieden, die Harmonie und die innere Ruhe finden kann, die es ihm ermöglichen, die Bindungen an diese Welt aufzugeben und sich mit Gott zu vereinigen. Vor allem durch das Studium und das Lesen des *Koran* bekommt der Mensch die Anleitung für das praktische Leben und erwirbt das Wissen, das er braucht, um das irdische Leben zu transzendieren.

Was der Islam von dem Gläubigen verlangt, begreift man am besten, wenn man das Leben des Propheten Mohammed studiert; denn er ist nicht nur das spirituelle Vorbild eines jeden Mohammedaners, sondern auch ein Menschenführer. Dabei muß man sich darüber klar sein, daß Mohammed niemals behauptet hat, ein Gott zu sein. Er war vielmehr der Prophet Gottes und als solcher ein Mensch unter Menschen. Seine Anhänger bezeichnen ihn als den »Edelsten der Schöpfung«.

Nach Auffassung der Mohammedaner ist Mohammed das Symbol menschlicher Vollkommenheit und das leuchtende Vorbild für die ganze menschliche Gesellschaft. In seinem Buch über den Islam schreibt Nasr: »Der Prophet ist mit diesen Qualitäten, die er so vorbildlich verkörpert hat, gleichzeitig der Prototyp menschlicher und spiritueller Vollkommenheit und weist uns zugleich den Weg zur Verwirklichung dieses Ideals.«[6] Er schildert den Propheten als einen Menschen, der ein aktives Leben in der Gemeinschaft anderer Menschen geführt hat. Er war verheiratet, stand einem Haushalt vor, war Vater, politischer Führer, Richter und Krieger. Im Lauf seines Lebens ist er immer wieder in große Bedrängnis geraten und hat alle Freuden und Leiden erlebt, die das menschliche Dasein in dieser Welt kennzeichnen. Er war ein kontemplativer Mensch, freundlich und gütig, aber hart und unduldsam angesichts der Ungerechtigkeit. Er zeigte eine edle Gesinnung, war freigebig, liebevoll, mitfühlend und fromm.

Der Prophet war eine kämpferische Natur. Im Inneren kämpfte er unaufhörlich gegen alle menschlichen Schwächen, die ihn daran hindern konnten, den Willen Gottes zu erfüllen, und nach außen hin war er bereit, gegen alles zu kämpfen, was der von ihm gefundenen Wahrheit widersprach und die von ihm erstrebte Harmonie störte.

Gegenüber seinen Freunden und Anhängern empfand er eine starke Zuneigung und Großmut. Er bewies seine Großher-

zigkeit durch eine vorbildliche Hilfsbereitschaft und Freigebigkeit, ohne eine Gegenleistung zu verlangen. Nasr schreibt:

> Wenn man im Islam an den Propheten denkt, dem man
> nacheifern soll, dann hat man das Bild einer starken Per-
> sönlichkeit vor Augen, eines Mannes, der unnachsichtig
> gegen sich selbst und gegen die Falschen und Ungerech-
> ten, aber mildtätig und gütig gegenüber der Welt ist, in der
> er lebt. Auf dem Fundament dieser beiden Tugenden der
> Stärke und Nüchternheit auf der einen und der Mildtätig-
> keit und Großzügigkeit auf der anderen Seite ist er heiter
> und dient allein der Wahrheit. Er ist jener wehrhafte Rit-
> ter, der sich dem Berg der Wahrheit stellt, passiv gegen-
> über dem Willen Gottes, aktiv gegenüber der Welt, streng
> und nüchtern gegenüber sich selbst, aber gütig und groß-
> zügig gegenüber allen Lebewesen, die ihm begegnen.[6]

Der Weg des Judaismus

Je mehr Fleisch, desto mehr Würmer;
Je mehr Reichtum, desto mehr Sorgen;
Je mehr Weiber, desto mehr Zauberei;
Je mehr Konkubinen, desto mehr Wollust;
Je mehr Sklaven, desto mehr Dieberei.
(Aber) je mehr Gesetz, desto mehr Leben;
Je mehr Lernen, desto mehr Weisheit;
Je mehr Rat, desto mehr Einsicht;
Je mehr Rechtschaffenheit, desto mehr Frieden.

Der Talmud (Mischna)

Vier Arten von Menschen werden nie das Angesicht Gottes sehen: der Spötter, der Lügner, der Verleumder und der Heuchler.

Der Talmud (Satah, 24a)

Ich habe euch Leben und Tod, Segen und Fluch vorgelegt, daß du das Leben erwählest und du und dein Same leben mögt.

5. Mose 30,19

Nur ½ Prozent der Weltbevölkerung bekennt sich zum Judaismus, aber dennoch stellt er als Fundament des Islam und des Christentums eines der bedeutendsten religiösen Systeme dar; denn in diesem Zusammenhang beeinflußt das jüdische religiöse Denken das Leben von fast der Hälfte der Weltbevölkerung.

Der Judaismus und seine Rituale haben ihren Ursprung in

der Stammesreligion eines semitischen nomadisierenden Hirtenvolkes, der Hebräer. Einige von religiöser Leidenschaft beflügelte Propheten machten daraus eine Offenbarungsreligion mit einer strengen Ethik. Das Lehrgebäude wurde in einem Kanon zusammengefaßt, der aus drei Teilen besteht. Das sind die *Thora* (das Gesetz), die *Neviim* (die Propheten) und die *Kitubien* (die Schriften). Die Christen bezeichneten diesen Kanon später als »Das Alte Testament«.

Zu den heiligen Schriften der Juden gehören aber auch die *Apokryphen* und der *Talmud*.

Alle diese Werke behandeln ethisch-moralische Fragen und beziehen sich direkt auf die menschliche Persönlichkeit. Damit hat auch der Judaismus eine große Bedeutung für das Thema, mit dem wir uns hier beschäftigen. Er ist der dramatische Ausdruck des unablässigen Ringens eines ganzen Volkes um die Gestaltung eines menschenwürdigen Lebens und einer glücklicheren Welt für alle.

Im Mittelpunkt der jüdischen Religion steht der Glaube, daß der Mensch als Ebenbild Gottes geschaffen wurde. Damit ist der Mensch von Natur aus nicht sündig, sondern gut. In dieser Welt ist er zwar ständig Versuchungen ausgesetzt, aber der Jude weigert sich deshalb nicht, am weltlichen Leben teilzunehmen. Seine besondere Aufgabe ist es vielmehr, diesen Versuchungen zu widerstehen und in seinem Alltagsleben ein möglichst hohes Niveau zu erreichen, so daß sein ganzes Handeln seinem göttlichen Ursprung entspricht bzw. die göttliche Einheit aller Dinge widerspiegelt.

In *Mischna*, Avat 3,15 heißt es: »Alles ist von Gott vorausgesehen, und der Mensch hat die Freiheit der Wahl.« Auf Grund dieser Wahlfreiheit ist jeder gläubige Jude verantwortlich für das Leben, das er führt, für seine Handlungen und für die Gesellschaft, die er erschafft. Das alles erfordert die Fähigkeit zu wählen. Die Anleitung dafür ist in den heiligen Schriften gegeben. Die Schuld für jede falsche Entscheidung, für jede Missetat und für jede Verletzung der göttlichen Gebote liegt bei ihm selbst.

Seine Lebensumstände können dem frommen Juden daher

nicht gleichgültig sein. Von ihm wird vielmehr *gebieterisch verlangt,* das Leben zu wählen. Es wird ihm dabei ganz deutlich gemacht, daß das Leben aus Schmerz, Verzweiflung und Sünde besteht. »Es gibt keinen unter euch, der nicht zahllose Sünden begangen hat.« (Tanhuma [Burber] Hukkut 39) Doch alles Leiden hat einen tieferen Sinn. Das Leiden widerspruchslos als persönliches Schicksal auf sich zu nehmen wie Hiob, kann dem Menschen Frieden, Versöhnung mit Gott und Einsicht bringen. Doch andererseits wird jeder dazu ermutigt, ein aktives, freudiges und von Begeisterung inspiriertes Leben zu führen. »Am Tag des Gerichts muß jeder für alles Gute, worüber er sich hätte freuen können, aber nicht gefreut hat, Rechenschaft ablegen.« (Jerusalem Kiddrischin, 66d)

Die Verhaltensregeln sind in den heiligen Schriften, besonders in der *Thora,* festgelegt. Hier finden wir auch den ehrwürdigsten Verhaltenskodex, der je in Worte gefaßt worden ist, die »Zehn Gebote«. Wir müssen sie an dieser Stelle nicht im einzelnen zitieren; denn sie sind allgemein bekannt.

Die für den Juden geltenden Lebensregeln finden sich jedoch nicht nur in den Geboten, sondern sie sind der Inhalt eines jeden größeren Abschnittes des heiligen Kanon. Hier gibt es genaue Vorschriften für so verschiedene Lebenslagen wie die Bestattung der Toten, das Besuchen der Kranken, die Erziehung der Jugend und die Ehrfurcht vor den Alten. Güte, Weisheit, die Bereitschaft zu lernen, Familiensinn, Demut, Ehrfurcht, Bescheidenheit und ständige Selbstprüfung sollen das Leben des Menschen bestimmen. Die heiligen Schriften unterstreichen den Wert des Selbstvertrauens und warnen davor, sich auf das »schwankende Rohr menschlicher Hilfe« zu verlassen und auf menschliches Lob zu hören.

Der Fromme wird davor gewarnt, falsche Sicherheit im Sammeln von Reichtümern zu suchen, und zur Nächstenliebe angehalten. Jeder Jude soll sein Leben so gestalten, als befände er sich selbst in der Gegenwart Gottes. Nur in dieser Welt und nicht in einer zukünftigen habe er die Möglichkeit, seinen eigenen Weg zu wählen und sein von Gott gegebenes Leben richtig zu führen.

Jeder Jude ist verpflichtet, sein Leben zu verwirklichen, und das kann er nur durch aktive Teilnahme am Leben. »Was ein Mensch nicht tut, solange er die ihm von seinem Schöpfer geschenkte Fähigkeit besitzt, die in der Freiheit des Willens liegt, welche ihm an jedem Tag seines Lebens gehört, an dem er frei und für sich verantwortlich ist, wird er im Grab oder im Scheol nicht tun können, denn dann wird ihm diese Fähigkeit genommen sein.« (Moses Luzatto, Yesharian, 4. Kapitel)

Der fromme Jude ist ein Liebender. Er liebt Gott, die Natur, die Menschen und das Leben. Die *Thora* sagt ihm, wie er dieses Leben in Liebe und Weisheit gestalten kann. Die Worte der *Thora* sind *lebenspendend* und *Liebe erzeugend*. Sie lehrt den Menschen, sich selbst und alle Dinge zu lieben. Sie lehrt ihn die Nächstenliebe und verkündet die Gesetze des Gebens und Teilens mit anderen und die Liebe zum eigenen Land.

Nach der Lehre des Judaismus hat jeder Jude eine große persönliche Würde und innere Stärke sowie unbegrenzte Möglichkeiten. Er ist ein verantwortliches Wesen voller Frömmigkeit, erfüllt von tiefer Ehrfurcht vor dem Leben und von starker Spiritualität. Jeder einzelne ist aufgefordert, als fortwährende Emanation Gottes zu leben. Der fromme Jude hat eine tiefe Achtung vor dem Lernen und vor dem Gelehrten. Er glaubt an die Erhabenheit, Würde und Güte seiner eigenen inneren Natur. Er hat eine gute Beziehung zur Mystik und sieht das Leben als unerklärliches Geheimnis und auch als eine Realität, die er durch seinen Willen beherrscht und durch Handeln erkennen kann. Elie Wiesel faßt in seinem ergreifenden Roman *Souls On Fire** das Lebensziel des aktiv lebenden und im Sinne des Judaismus handelnden Menschen in den Worten des großen Rabbi Menahem-Mendl von Witebsk vielleicht am treffendsten zusammen: »Meine Mission auf dieser Erde ist es, die Leere zu erkennen – innerhalb und außerhalb meiner selbst – und sie auszufüllen!«

* In wörtlicher Übersetzung: Brennende Seelen

Der Weg des Christentums

*Darum, o Mensch, kannst du dich nicht entschuldigen, wer du
auch bist, der da richtet. Denn wohin du einen anderen richtest,
verdammst du dich selbst; sintemal du eben dasselbe tust, was du
richtest.*

Brief des Paulus an die Römer 2,1

*Aber ich sage euch, die ihr zuhört: Liebet eure Feinde; tut denen
wohl, die euch hassen;*
Segnet die, so euch verfluchen; bittet für die, so euch beleidigen,
*Und wer dich schlägt auf einen Backen, dem biete den anderen
auch dar; und wer dir den Mantel nimmt, dem wehre nicht auch
den Rock.*
*Wer dich bittet, dem gib, und wer dir das Deine nimmt, da for-
dere nicht wieder.*
*Und wie ihr wollt, daß euch die Leute tun sollen, also tut ihnen
gleich auch ihr.*

Lukas 6,27–31

*Wisset ihr nicht, daß ihr Gottes Tempel seid und der Geist Gottes
in euch wohnt?*
*So jemand den Tempel Gottes verderbt, den wird Gott verder-
ben; denn der Tempel Gottes ist heilig, – der seid ihr.*

1. Korinther 3,16,17

Fast 600 Millionen Menschen bekennen sich heute zum christlichen Glauben; das sind etwa 30 Prozent der gesamten Weltbevölkerung. Mehr als die Hälfte von ihnen sind Katholiken, ein
Viertel Protestanten verschiedener Bekenntnisse, und der Rest

gehört ungezählten Sekten und christlichen Glaubensrichtungen an. Keine andere Religion hat eine so weite Verbreitung.

Das Christentum nahm seinen bescheidenen Anfang mit einer kleinen Gruppe von Menschen meist bäuerlicher Herkunft unter der Führung eines bemerkenswerten jüdischen Propheten namens Jesus von Nazareth. Viele glaubten, er sei der lange erwartete Messias. Während seines kurzen Lebens auf dieser Erde gab er seinen Anhängern neue Hoffnung, Freude, Glauben und Liebe durch sein lebendiges Beispiel in der Verwirklichung der von ihm verkündeten perfektionistischen Lehren.

Nach seinem Tode wurden seine Glaubenssätze in mehreren Schriften gesammelt, deren ethische Grundsätze das tägliche Leben von Millionen Menschen in der ganzen Welt entscheidend beeinflußt haben. Der so entstandene Kanon ist das *Neue Testament,* das zusammen mit dem *Alten Testament* als die *Bibel* (Das Buch) bezeichnet wird.

Seit der Zeit Jesu von Nazareth ist die Geschichte des Christentums gekennzeichnet durch zahlreiche dogmatische Kontroversen. Obwohl es sich auf ein im wesentlichen unverändert gebliebenes Dogma gründet und seine Überzeugungskraft aus der christlichen Offenbarung bezieht, deren Quelle die Bibel ist, sind verschiedene formelle Institutionen entstanden, um den sich im Lauf der Geschichte ständig verändernden menschlichen Bedürfnissen zu entsprechen. Dabei haben sich einzelne Kirchen gebildet, und einige davon haben sich in verschiedene Konfessionen, Sekten und Nationalkirchen aufgespalten. Doch da Jesus Christus in seiner menschlichen Gestalt von allen als das vollkommene Vorbild anerkannt wird, gibt es kaum irgendwelche Meinungsverschiedenheiten über die Frage, was das christliche Leben ausmacht. Es ist diese Frage und weniger die verschiedenen Anschauungen über eine christliche Erziehung und die Struktur der institutionalisierten Kirchen, die uns hier interessiert.

Nach christlicher Lehre ist Gott in jedem Augenblick unseres Lebens in uns gegenwärtig, und wir haben die Möglichkeit, die Gegenwart Gottes in uns im Lauf unseres Lebens immer stärker zur Wirkung zu bringen. Im *Johannesevangelium* 17,21 heißt es: »…auf daß sie alle Eins seien, gleichwie Du, Vater, in mir und ich in Dir; daß auch sie in Uns Eins seien…« Das weist auf ein ideales Selbst hin, auf eine menschliche Vollkommenheit, nach welcher der einzelne streben kann – ein nie aufhörender Prozeß, in dessen Verlauf das Selbst, Zeit und Raum schließlich transzendiert werden. Das Fundament sind vollkommener Glaube, Liebe, Freude, Friede, Vergebung, Güte und unaufhörliches Wachstum. Der Christ geht also den Weg, der zur vollkommenen inneren und äußeren Integration führen soll. Das bedeutet eine vollkommene Harmonie innerhalb des einzelnen, der Natur und Gottes und eine fortschreitende Harmonisierung dieser drei.

Christus ist außerdem der Inbegriff der menschlichen Reife. Er enthüllt seinen Anhängern die wahre menschliche Natur. Er wird zum Mittelpunkt ihrer Lebensphilosophie. Der Christ sieht in ihm den größten Lehrer »des Weges«, und er gibt ihm die Regeln und Grundsätze an die Hand, durch deren Befolgung jeder einzelne zur voll ausgereiften menschlichen Persönlichkeit werden kann.

Der Christ gründet sein ganzes Leben unabhängig von allen äußeren Erscheinungen auf den Glauben. Er hat verschiedene Wahlmöglichkeiten. Jede lebenswichtige Entscheidung soll danach getroffen werden, wie der einzelne den Willen Gottes versteht. Der Christ wählt aus den Alternativen, die ihm sein einzigartiges Leben bietet, und stellt sich entschlossen jeder neuen Herausforderung. So ist er für jede seiner Entscheidungen voll verantwortlich. Der Glaube als das von Gott geschenkte Fundament des geistigen Lebens wird zur mächtigen Kraftquelle, die einem jeden hilft, Entscheidungen zu treffen. Deshalb ist es notwendig, sich ständig der eigenen seelischen Kräfte bewußt zu bleiben.

Die menschliche Natur und das wirkliche Leben werden zum Rohmaterial für die Persönlichkeit des Christen. Da der innerlich wachsende Mensch für sein Leben verantwortlich, aber unvollkommen und nie ohne Fehler ist, trifft er oft die falsche Entscheidung. Wenn das geschieht, wird er seinem wahren Selbst und der Welt entfremdet und verliert sein Selbstvertrauen. Er kann aber auch wissen, welches der richtige Weg ist, und sich trotzdem entscheiden, ihn nicht zu gehen. In diesem Fall übernimmt die Kirche die Aufgabe, den Menschen aus der Dunkelheit, der Unwissenheit und der Selbstsucht herauszuführen und ihm den Weg zum rechten Handeln zu weisen.

Wahre Christen wissen, wer sie sind. Sie haben ein starkes Identitätsbewußtsein, das ihnen erlaubt, sich der politischen Macht zu widersetzen und auf materiellen Reichtum und weltliche Freuden zu verzichten. Der Apostel Paulus sagt von sich selbst im 2. *Korintherbrief* 4,8–9: »Wir haben allenthalben Trübsal, aber wir ängstigen uns nicht; uns ist bange, aber wir verzagen nicht; wir leiden Verfolgung, aber wir sind nicht verlassen; wir werden unterdrückt, aber wir kommen nicht um.« Dieses starke Identitätsbewußtsein gibt dem Christen, wie Tillich sagt, »den Mut zu sein«. Es verleiht ihm das fundamentale Recht, die einzigartige verantwortliche Persönlichkeit zu sein, die er ist, und nach bestem Vermögen im Einklang mit der Welt und dem Selbst zu leben.

Während der Glaube das innere Wesen des Christentums ausdrückt, ist die Liebe der äußere Ausdruck. Der Kern der christlichen Liebe ist die Selbsthingabe. Die Erfüllung des Selbst liegt in seiner Transzendierung. Das wird im Christentum durch das Symbol des Kreuzes dargestellt, an dem Jesus Christus gestorben ist. Es ist das Symbol des christlichen Humanismus, und seine befreiende Kraft liegt darin, daß es nichts verlangt, sondern stets bereit ist, zu vergessen und zu vergeben. An die christliche Liebe sind keine Bedingungen geknüpft. Sie wird bedingungslos verschenkt und möchte bedingungslos angenommen werden.

Ein wesentliches Kennzeichen der christlichen Liebe ist es, daß sie von der Integrität aller Menschen ausgeht. Sie respektiert ihre fundamentale Würde und das Recht eines jeden, eine einmalige Persönlichkeit zu sein. Das bedeutet die ständig wachsende Notwendigkeit, sich selbst zu erkennen und sein Bewußtsein immer mehr zu erweitern, indem man an Sensibilität, innerer Freiheit und Beziehungsfähigkeit zunimmt.

Der Geist der christlichen Liebe läßt keine Selbstverachtung, kein Selbstmitleid und keine Selbsterniedrigung aufkommen; denn der Christ glaubt zutiefst an seine Fähigkeit, sich selbst zu transzendieren.

Die christliche Liebe manifestiert sich auch in der Beziehung zu anderen. Die Liebe zu sich selbst und die Liebe zum Nächsten sind identisch. In dem Wort »liebe deinen Nächsten wie dich selbst« spürt man die Vereinigung von sich selbst mit den anderen.

Christen sind integriert und demütig. Wie Jesus Christus identifizieren sie sich mit den Hungrigen, den Durstigen, den Nackten, den Kranken und den Unterdrückten. Christus hat das getan, ohne etwas von seiner Göttlichkeit zu verlieren. Seine Vorbildlichkeit zeigte sich im Umgang mit den Menschen. Dabei ging er stets ganz praktisch und konkret auf die gegebenen Umstände ein. Er speiste die Hungrigen, tröstete die Betrübten und heilte die Kranken. Er wurde zum »Partner« des Menschen und wollte, daß auch der Mensch sein »Partner« werde. So zeigte er denen, die ihm begegneten, daß Liebe als Offenheit, Universalität, Selbstachtung und Achtung vor dem anderen, als Harmonie und Transzendierung des Selbst zu verstehen ist.

Aus christlicher Sicht ist der wahre Christ also eine voll integrierte Persönlichkeit, die sich hier auf der Erde ebenso zu Hause fühlt wie in der Gegenwart von Kräften, die größer sind als er. Der Christ ist ernsthaft darum bemüht, als Teil des Ganzen in Einheit, Harmonie und Liebe am Lauf der Geschichte teilzunehmen. Er ist ein wissendes, fühlendes und mit einem starken Willen begabtes Einzelwesen. Er ist sich des Selbst und seiner Bedeutung bewußt. Er hat die Fähigkeit, Ideale zu verwirklichen, und schätzt Werte wie Liebe, Wahrheit, Schönheit und Güte. So sieht sich der Christ dazu gedrängt, das zu werden, was er sein kann und sollte; denn er weiß, daß er in einem ganz besonderen Sinne das Bild seines Schöpfers in sich trägt.

Wie man nach der Lektüre dieses Kapitels feststellen kann, gibt es bei den verschiedenen philosophischen und religiösen Systemen kaum Unstimmigkeiten darüber, was es bedeutet, als ganzer Mensch zu leben. Wenn wir das Verhalten der Menschen in der heutigen Welt betrachten, dann zeigt sich sehr deutlich, daß es zwischen der Anerkennung von ethischen Grundsätzen und der Verwirklichung im praktischen Alltagsleben oft eine sehr große Diskrepanz gibt. Das muß aber nicht so sein. Mit etwas Kreativität, Intelligenz, Fleiß und Wahlmöglichkeit ist der Weg des reifen Menschen klar, im wesentlichen harmonisch und genauso wie bei anderen Menschen in der Vergangenheit. Auch heute gilt noch der gleiche, oft als allzu primitiv belächelte Satz: »Alles nun, was ihr wollt, daß euch die Leute tun sollen, das tut ihr ihnen auch.« (Matth. 7,12) Ich möchte diese Regel wie folgt erweitern: »Gib Gott und der Welt alles, was du bist, und alles, was du sein kannst.«

Vielleicht hat Gore Vidal recht, wenn er sagt: »Jede Wahrheit ist eine Selbstverständlichkeit, und alles Selbstverständliche ist die Wahrheit.« Das Tragische ist nur, daß wir ein ganzes Leben brauchen, um das zu begreifen.

4.
Das Heranreifen
zur Persönlichkeit

Wir existieren nicht für uns selbst (als Mittelpunkt des Universums), und nur wenn wir zutiefst von dieser Tatsache überzeugt sind, beginnen wir, uns selbst richtig zu lieben, und gewinnen damit die Fähigkeit, andere zu lieben. Was meine ich damit: uns selbst richtig lieben? Vor allem meine ich damit leben wollen, das Leben als ein großartiges Geschenk und als ein wertvolles Gut annehmen, und zwar nicht, weil es uns etwas zu geben hat, sondern weil es uns befähigt, anderen etwas zu geben.

Thomas Merton

Abgesehen von einigen wenigen, sehr allgemein gehaltenen und verschwommenen Lebensregeln sagt uns niemand, wie wir leben sollen. Man sagt uns nichts über den Wert des Lebens oder was es bedeutet, ein ganz lebendiger Mensch zu sein. Wir haben keine Ahnung davon, welche Wunder das Leben für uns bereithält, und wir wissen nicht, daß wir verantwortlich sind, dafür etwas von uns zu geben. Wir werden in unsere Welt hineingeboren, dazu erzogen, uns ihr anzupassen und die allgemein geltenden Verhaltensregeln zu beachten, und dann bleibt es uns überlassen, zu schwimmen oder unterzugehen.

Es gibt keine Schule, in der wir lernen zu leben, und es gibt kaum Lehrer, die es lehren könnten. Wenn wir in unserem Erziehungssystem nach Antworten suchen, dann müssen wir feststellen, daß es uns einen gewissen Vorrat an Wissen vermittelt, ohne zu sagen, welchen praktischen Wert und welche Bedeutung dieses Wissen hat. Wenn wir erwarten, die Religion könne uns weiterhelfen, dann hören wir allzu oft, wir sollen nur blind glauben; aber dafür fehlen uns leider meist die richtigen Voraussetzungen. Wenn wir den Anforderungen nicht genügen können, dann fühlen wir uns oft unfähig und abhängig. Wenn wir versuchen, aus dem Leben selbst zu lernen, dann geraten wir häufig in unvorhergesehene Schwierigkeiten, auf die wir nicht vorbereitet sind und die uns kaum tiefere Einsichten vermitteln. Wollen wir uns von anderen belehren lassen, dann stellen wir fest, daß es zu wenige Vorbilder gibt.

Erst wenn wir mit unseren Problemen nicht mehr fertig werden und die innere Leere uns bedrängt, sehen wir uns gezwungen, Hilfe zu suchen und etwas zu ändern. Doch gewöhnlich hilft uns alles nur vorübergehend, und wir kehren zum »wirklichen« Leben zurück, genauso schlecht vorbereitet wie vorher.

Wenn wir ein harmonisches und ausgefülltes Leben führen wollen, dann müssen wir bereit sein, aus eigenem Antrieb zu lernen, Risiken auf uns zu nehmen, uns nach innen zu wenden und auf dem Weg über Versuch und Irrtum weiterzukommen. Hier sind wir persönlich gefordert und gezwungen, unser Schicksal selbst in die Hand zu nehmen.

Da wir alle verschieden sind, kann es nicht nur einen Weg geben. Es ist jedoch hilfreich, bestimmte Voraussetzungen zu erfüllen. So müssen wir uns zum Beispiel ernsthaft vornehmen, uns auf unseren Weg zu begeben und ihn nicht mehr zu verlassen. Wir müssen erkennen, daß wir die Produkte unserer Vergangenheit sind und – was noch wichtiger ist –, daß eine Zukunft mit unbegrenzten Möglichkeiten vor uns liegt, die nicht unbedingt durch das bestimmt wird, was gewesen ist. Wir müssen uns dem Prinzip Hoffnung verschreiben, und zwar nicht einer illusionären Hoffnung, sondern einer Hoffnung, die uns stärkt und in eine klare Richtung weist. Wir müssen die Achtung vor der Einzigartigkeit unseres Geistes und unseres Willens zurückgewinnen, und das wird uns helfen, unter den zahlreichen Alternativen für die Zukunft die vernünftigste und am meisten wachstumsfördernde auszuwählen. Dann müssen wir uns in den Wachstumsprozeß hineinbegeben und uns bei jedem Schritt feinfühlig und ehrlich Rechenschaft ablegen. Mit Energie und Entschlußkraft werden wir fähig sein, unser Leben selbst zu bestimmen und jeden Tag als aktive und lebendige Persönlichkeiten zu gestalten.

Die Bedeutung des Todes

Wer sich nicht immer wieder darum bemüht, geboren zu werden,
ist damit beschäftigt, zu sterben.

Bob Dylan

Den stärksten Anreiz, unser Leben voll auszuschöpfen, gibt
uns vielleicht das ehrliche Geständnis, daß wir sterben müssen.

Der Tod hat keine Geheimnisse. Wenn wir bereit sind, die
Augen offenzuhalten, werden wir in jedem Augenblick an das
Sterben erinnert. Der Tod ist überall, auch dort, wo sich das
Leben zum erstenmal rührt.

Kinder haben augenscheinlich schon eine ganz persönliche
Vorstellung vom Tode, sobald sie anfangen, begrifflich zu denken, wenngleich es ihnen meist erst im Alter von etwa neun
Jahren gelingt, ihren Gedanken über den Tod Ausdruck zu verleihen und seine Endgültigkeit zu akzeptieren. Aber dennoch
ist der Tod ein besonderes Mysterium. Niemand weiß genau,
wie oder wann er kommen wird. So gut wir auch darauf vorbereitet sein mögen, er scheint uns in jedem einzelnen Fall zu
überraschen. Sogar wenn er uns vorausgesagt wird, scheinen
wir mit diesem Schock nicht fertig werden zu können und werden von tiefen Gefühlen der Furcht, des Aberglaubens, der
Sorge und der Isolation bedrängt. Es ist immer der andere, der
sterben muß. Wir erlauben den Toten nicht einmal, tot zu bleiben – allzu oft werden sie durch die Schuld der Lebenden wieder auferweckt.

Ein reifer Mensch, der ein erfülltes Leben führt, empfindet
den Tod weder als Bedrohung noch als Schrecken. Für ihn ist er
vielmehr der größte Verbündete des Lebens. Der Tod sagt uns,
daß wir heute in diesem Augenblick leben müssen, daß das
Morgen eine Illusion ist und niemals kommen wird. Er sagt uns,
daß es nicht auf die Zahl der Tage, der Stunden oder der Jahre

Den stärksten Anreiz, unser Leben voll auszuschöpfen, gibt uns vielleicht das ehrliche Eingeständnis, daß wir sterben müssen.

ankommt, sondern auf die Qualität des Lebens in der uns gegebenen Zeitspanne. Jeder Tag ist neu. Jeder Augenblick ist frisch und unverbraucht. Die Zeit ist an sich bedeutungslos, wenn wir ihr nicht einen Sinn geben. Der Augenblick vergeht im Fluge oder erscheint uns als Ewigkeit, je nach unserer geistigen Verfassung oder je nachdem, ob wir bereit sind, unser Bewußtsein auszuschalten. Es wird oft behauptet, es gebe Menschen, die in einem Augenblick mehr erleben können als andere während ihres ganzen Lebens. Die Zeit ist eine relative Größe. Sie gehört uns, und wir haben die Freiheit, entweder weise mit ihr umzugehen oder sie zu verschwenden, aber sie läßt sich nicht horten. Die einmal vergangene Zeit ist unwiderruflich dahin, und kein Jammern bringt sie zurück. Die vielleicht unvernünftigste Redensart in unserer Sprache lautet, »Ich hätte sollen«. Die wichtigste Bedeutung der Vergangenheit liegt ganz einfach darin, daß wir aus unseren Erfahrungen lernen können. Aber selbst dann wird unser Lernen nur allgemein sein. Jedes einzelne Erlebnis hat nämlich eine neue und unterschiedliche Bedeutung und kann nur sehr vage und allgemein auf die Zukunft angewandt werden. Aber auch die Zukunft ist eine Illusion; sie ist eine Art Traum, der in den meisten Fällen nicht so in Erfüllung geht, wie wir ihn träumen. Die Enttäuschung darüber, daß die Wirklichkeit diesen Träumen nicht entspricht, macht einen sehr großen Teil des menschlichen Leidens aus.

Der Tod lehrt uns auch die Unbeständigkeit aller Dinge. Alle Dinge verändern sich. Alle Dinge sterben. Das gilt sowohl für die Natur als auch für das menschliche Leben. Selbst Gebirge aus Granit zerfallen zu Staub, so wie von den herrlichsten Königreichen der Vergangenheit nur noch tote Steine zeugen, die uns an ihr Geheimnis erinnern. Das Haften an Dingen oder Menschen, die mit Sicherheit eines Tages nicht mehr sein werden, kann nur zur Verzweiflung führen; denn schließlich bleibt uns nur eine Handvoll Staub oder eine blasse Erinnerung. Frei von jeder Bindung zu leben, bedeutet ein Leben in der Gegenwart, ohne zu verlangen, daß der Augenblick von Dauer sei. Dem Leben geht es nicht um die Zukunft, sondern um die Gegenwart. Auf das Leben zu warten heißt, das Warten zu lieben, nichts sonst. Das Leben begreift, daß der Tod Veränderung bringt und daß die einzige Wirklichkeit darin besteht, Zukunft und Vergangenheit in der Gegenwart zu erleben, die Freude des Augenblicks zu genießen und sich von diesem Augenblick zu lösen, wenn die Zeit dafür gekommen ist, d. h. den Augenblick mit ganzer Kraft zu umarmen, bevor er uns verläßt, aber niemals zu erwarten, daß irgend etwas ewig dauert. Wir haben schon einmal gesagt, daß der Buddhist die Sinnlosigkeit allen Haftens lehrt und darin die Wurzel allen Leidens erblickt. Solange wir das Verhaftetsein nicht aufgeben, leben wir im Zustand der Verzweiflung. Nach buddhistischer Lehre gibt es drei Arten des Verhaftetseins – gebunden, ungebunden und nicht gebunden. Eine sehr schöne Geschichte illustriert die Bedeutung dieser Zustände. Wir werden aufgefordert, uns eine Situation vorzustellen, in der wir vollkommen isoliert sind. Frisches Wasser muß über eine sehr weite Strecke herbeigeschafft werden (ein Zustand, den wir in sehr vielen asiatischen Dörfern und Klöstern vorfinden). Wasser wird daher als eine große Kostbarkeit angesehen. Es wird in einem großen Krug aufbewahrt, sparsam verwendet, in den Schatten eines Baumes gestellt, bewacht und sorgfältig zugedeckt.

Nach einem harten Arbeitstag in der glühenden Sonne freuen wir uns auf den erfrischenden Trunk aus dem Wasserkrug. Wir heben vorsichtig den Deckel auf, nehmen die Schöpfkelle in die Hand und tauchen sie in das kostbare Naß. Als wir trinken wollen, stellen wir fest, daß eine Ameise in den Krug geraten ist und jetzt auf der Schöpfkelle sitzt. Wir sind wütend! Wie kann es die Ameise wagen, auf unsere Insel zu kommen, unter unseren Baum, in unseren Wasserkrug und auf unsere Schöpfkelle! Wir zerquetschen sie mit dem Daumen.
Gebunden.

Oder wir überlegen einen Augenblick und denken daran, daß es ein heißer Tag ist, auch für Ameisen. Die Ameise

hat instinktiv das für sie Richtige getan – sie hat sich an den einzigen kühlen, feuchten und angenehmen Ort geflüchtet, den sie finden konnte. Wir sehen, daß die Ameise unserem Wasser, unserem Baum, unserer Schöpfkelle und unserem Krug keinen Schaden zugefügt hat. Nach diesen moralischen Überlegungen trinken wir, ohne die Ameise zu berühren, legen die Schöpfkelle fort und decken den Krug sorgfältig mit dem Deckel zu.
Ungebunden.

Oder wir denken, wenn wir die Ameise in unserem Krug sehen, weder daran, ob das Wasser der Ameise gehört oder uns, noch überlegen wir, was moralisch oder unmoralisch sei. Unser Handeln hat mit Moral nichts zu tun. Es geht darüber hinaus. Wir füttern die Ameise mit etwas Zucker!
Nicht gebunden.

Der Tod lehrt uns, daß uns auf die Dauer nichts gehört. Wenn wir eine dauernde Bindung herstellen oder uns auf die Dauer etwas aneignen wollen, dann müssen wir feststellen, daß es in Wahrheit unmöglich ist. Trotz all unserer Mühen hat alles einmal ein Ende. Menschen werden uns verlassen, wenn die Zeit gekommen ist, und daran kann auch der lauteste Protest nichts ändern. Trotz aller Vorsichtsmaßnahmen werden Ameisen den Weg in unseren Wasserkrug finden. Das Wissen vom Tod kann uns ein tiefes Gefühl der Freiheit geben – von der Bindung an uns selbst ebenso wie von der Bindung an andere und an Dinge. Je weniger wir verhaftet sind, desto weniger Sorgen müssen wir uns machen. Die letzten Worte, die meine Mutter mir gesagt hat, zeugten von einer tiefen Einsicht. Als ich leise weinend neben ihrem Bett stand, ergriff sie liebevoll meine Hand und sagte: »Felice, was versuchst *du* festzuhalten?« Ich ließ los, und es war für uns beide eine Erlösung. Wir erzeugen sogar noch in den Sterbenden ein Schuldgefühl und werfen ihnen vor, daß sie uns verlassen!

Allzu oft verweigern wir dem Tod sein Recht. Wir verbieten

Wenn wir den Tod einfach als einen weiteren Aspekt des Lebenszyklus annehmen können, werden wir jede Begegnung im Leben schätzen und als wertvoll erkennen und wissen, daß sie sich nie wiederholen wird.

unseren Kindern, zu Begräbnissen zu gehen, und wenn sie uns Fragen stellen, geben wir ihnen ausweichende Antworten. Der Tod wird als dunkles, furchterregendes und oft völlig niederschmetterndes Geheimnis behandelt, als ob er ein unerwünschter Eindringling sei, den wir uns um jeden Preis vom Leibe halten müssen.

Ich erinnere mich an meinen ersten Besuch in der indischen Stadt Benares. Ich war zutiefst erschüttert und entsetzt. Ich wurde Zeuge größter Schmerzen, des Hungers und unverhüllten Sterbens. In einer langen Prozession wurden unaufhörlich Leichen durch die belebten Straßen zum heiligen Fluß Ganges getragen. Die Menschen beobachteten das eindrucksvolle Ritual der öffentlichen Einäscherung. Am Straßenrand saßen Krüppel, Aussätzige und Bettler. Als ich mich von meinem ersten Schock erholt hatte, sah ich plötzlich Mütter, die mit leuchtenden Augen ihre lächelnden Kinder säugten. Ich sah das freundliche Lächeln auf den Gesichtern alter Männer und Frauen, die ungehemmte Freude von Knaben und Mädchen, die die Straßen entlang liefen, und einen vergeistigten Ausdruck von Frieden und Gelassenheit auf den Gesichtern der Menschen, wie ich es bis dahin noch nie erlebt hatte. Was ich hier sah, war das ganze Panorama des Lebens – niemand versuchte, etwas zu verbergen. Mir wurde plötzlich klar, wie behütet und abgeschirmt ich bisher gelebt hatte. Die meisten Menschen im Westen leben ihre wirkliche Existenz fast ausschließlich hinter geschlossenen Fenstern und Türen. Wir weinen allein, wir müssen allein mit unseren Krankheiten fertig werden, wir werden allein geboren, und die meisten von uns sterben in irgendeinem sterilen Krankenhauszimmer, allein. Wie können wir den natürlichen Lebenszyklus kennen oder annehmen, wenn er vor uns so versteckt wird? Wie können wir jemals etwas darüber erfahren? Wie können wir ihn jemals annehmen?

Wenn wir den Tod einfach als einen weiteren Aspekt des Lebenszyklus annehmen können, werden wir jede Begegnung im Leben schätzen und als wertvoll erkennen und wissen, daß sie sich nie wiederholen wird. Und jeder dieser Augenblicke wird für uns zur Quelle dessen, was unser Leben ausmacht.

Der Tod ist in diesem Leben unser größter Lehrer. Nur die Unwissenden und die, die Angst vor dem Leben haben, fürchten ihn. Die Weisen akzeptieren den Tod als ihren vertrauten Freund und verständnisvollsten Lehrer. Um als Persönlichkeit ein aktives und erfülltes Leben zu führen, müssen wir den Tod als unseren Freund betrachten, der uns durch das ganze Leben begleitet.

Der Wert der Selbstbestimmung

Liebe nicht, was du bist, sondern nur, was aus dir werden kann.

Cervantes

Jeder von uns ist eine Persönlichkeit für sich. Jeder ist die subtile Kombination von Faktoren, die es in dieser Zusammensetzung wahrscheinlich nie wieder geben wird. Wir alle sind einzigartig und unvergleichlich. Wer und was wir sind, ist zum großen Teil durch unsere Erbanlagen, die Gesellschaft, die Erziehung, unsere Familie und unsere Freunde bestimmt worden. Alle diese Einflüsse haben dazu beigetragen, unser Leben zu bereichern und spannender zu machen. Sie haben aber auch zu Komplikationen, Enttäuschungen und Widersprüchen geführt, die für unsere geistigen und emotionalen Kräfte eine hohe Beanspruchung bedeuteten, und das wird auch wahrscheinlich so bleiben. Auf diese Weise ist unsere Persönlichkeit entstanden, und zwar sowohl durch die wertvollen und dynamischen als auch durch die enttäuschenden und deprimierenden Einflüsse. Irgendwo in und zwischen beiden Bereichen liegt unser wahres Selbst.

Als Persönlichkeiten, die ein ausgefülltes Leben führen, wissen wir, daß wir das Recht haben, so zu sein, wie wir sind, auch wenn das, was wir sind, nicht dem entspricht, was wir gelernt haben. Wir haben das Recht, uns für uns selbst zu entscheiden, auch wenn dieses Selbst anders ist als das anderer Menschen. Wir haben das Recht, so zu empfinden, wie wir es tun, auch wenn andere unsere Gefühle und Empfindungen mißbilligen. Das heißt nicht, daß wir das Recht haben, uns anderen aufzudrängen; denn auch wir wünschen nicht, daß sich andere uns aufdrängen. Es heißt jedoch, daß wir das Recht haben, zu wählen, uns zu entwickeln, im Einklang mit uns selbst zu leben und dieses Leben mit anderen zu teilen, ohne uns dafür entschuldigen zu müssen.

Ein Gedicht, das diesen Gedanken sehr eindrucksvoll und einfach zum Ausdruck bringt, hat den bedeutsamen Titel:

»Ich bin weder ein Sakrileg noch ein Privileg.
Vielleicht bin ich weder kompetent noch exzellent,
Aber ich bin gegenwärtig.«

Die junge Dichterin Michele behauptet kühn:

Mein Glück bin ich,
Du bist es nicht,
Nicht nur, weil du vielleicht fortgehen wirst,
Sondern auch, weil du willst, daß ich sei,
Was ich nicht bin.
Ich kann nicht glücklich sein, wenn ich mich ändere,
Nur um deine Selbstsucht zu befriedigen.
Und ich kann mich auch nicht damit zufriedengeben,
Daß du mich kritisierst, weil ich nicht denke,
Wie du denkst, und weil ich nicht sehe,
Was du siehst. Du nennst mich eine Rebellin,
Und doch hast du jedesmal,
Wenn ich mich geweigert habe, das gleiche zu glauben wie du,
Gegen meinen Glauben rebelliert.
Ich versuche nicht, dein Bewußtsein zu formen.
Ich weiß, du versuchst mit aller Kraft, du selbst zu sein,
Und ich kann dir nicht erlauben, daß du mir sagst,
Was ich sein soll.
Denn ich konzentriere mich darauf, ich selbst zu sein.

Sie fügt hinzu:

Du hast gesagt, ich sei durchsichtig
Und bald vergessen.
Aber warum hast du dann versucht, mein Leben zu benutzen, um dir zu beweisen, was du bist?

120

Wir selbst sind unser Glück, und jedesmal, wenn wir uns untreu geworden sind, sind wir verzweifelt. Wir können uns nicht in anderen finden. Wir können nicht die Rolle anderer übernehmen oder sie dazu benutzen, uns selbst zu bestätigen. Wir können nicht immer das sein, was andere von uns erwarten; denn was sie wollen, ist nicht immer das, was wir sind, und was wir sind, ist alles, was wir haben. Schließlich können wir uns nur auf uns selbst verlassen. Das ist eine so einfache Tatsache, und doch liegt hier vielleicht die häufigste Ursache für psychische Schwierigkeiten und Leiden. Oft ist es leichter für uns, so zu werden, wie andere es von uns erwarten, aber wenn wir das tun, verzichten wir auf unsere Träume, geben unsere Hoffnungen auf und werden unseren Bedürfnissen nicht gerecht. Die Folge ist, daß wir uns verlassen, geschwächt und hilflos vorkommen, ohne authentisches Selbst. Wir haben alles, was wir brauchen, um zu werden, was wir sind: unser vollkommenes Selbst. Um dieses Selbst zu realisieren, müssen wir es nur erkennen, entwickeln und aktiv leben. Wir müssen uns selbst so annehmen, wie wir sind und wie wir nach unseren Fähigkeiten werden können, bevor wir das Leben und andere annehmen können. Wir müssen dem Drang nach Selbstverwirklichung auf gütige, liebevolle, friedliche, frohe, geduldige und disziplinierte Weise nachgeben. Wir müssen darauf verzichten, andere zu kontrollieren, zu besitzen oder zu beherrschen, und wir dürfen auch anderen nicht erlauben, das mit uns zu tun. Fest entschlossen, uns nach innen zu wenden, und befreit von der Tyrannei der Äußerlichkeit müssen wir unseren Weg gehen. Immer wieder müssen wir uns selbst bestätigen. Dann gewinnen wir die Weisheit, Stärke und Freiheit, die Dinge hinzunehmen oder abzulehnen, uns zu ändern oder so zu bleiben, wie wir sind, andere zu beeinflussen und uns von ihnen beeinflussen zu lassen, die Umstände zu bestimmen oder uns mit ihnen abzufinden. Dann sind wir keine Marionetten mehr, die von starken, außerhalb unserer selbst liegenden Kräften manipuliert werden, sondern wir werden selbst zu der entscheidenden, unser Leben gestaltenden Kraft.

Für jedes menschliche Handeln gibt es Alternativen. Je größer die Zahl der phantasievollen und schöpferischen Alternativen für unser Verhalten, desto bedeutungsvoller ist unsere Entscheidung und desto mehr wird unser Handeln von uns selbst bestimmt. Es gibt zum Beispiel Menschen, die glauben, sie könnten der Verzweiflung nur entrinnen, wenn sie sich zu so drastischen und eng begrenzten Aktionen hinreißen lassen wie Mord, Selbstmord oder Raserei; wieder andere werden fast unfähig zu handeln. Und es gibt jene, die anscheinend alles überleben können – sie fühlen die Schmerzen und Beleidigungen, sie kennen die Angst und lösen sich schließlich von alledem, um weiterzuleben. Gemütskranke Menschen haben die wenigsten Alternativen, doch je aktiver und erfüllter das Leben eines Menschen ist, desto mehr Möglichkeiten bieten sich ihm. Er entscheidet sich für das Leben und nicht für den Tod, er wählt die Weisheit anstelle der Unwissenheit, er zieht den Schmerz der Apathie vor und entscheidet sich für die Freude und nicht für die Verzweiflung. Er nutzt seine Gaben und alle Möglichkeiten seiner Umgebung zu seinem eigenen Besten.

Niemand, der versucht, er selbst zu sein, wird es vermeiden können, in tragische Verstrickungen zu geraten. Immer wieder werden sich uns Hindernisse in den Weg stellen. Wir haben uns so sehr daran gewöhnt, mit dem Schlimmsten zu rechnen, daß wir gegenüber dem Frieden, der Freude und der Liebe mißtrauisch geworden sind und damit rechnen, jedes freudige Ereignis mit einer leidvollen Erfahrung bezahlen zu müssen. Wir können keinen Hurrikan aufhalten, keinen Sturm stillen und keinen geliebten Menschen daran hindern, uns zu verlassen. Aber unsere Reaktion auf solche Katastrophen entscheidet, ob wir überleben und weiter wachsen, um als reife Persönlichkeiten ein erfülltes Leben zu führen. Man könnte auch sagen, daß der reife Mensch Freude und Schmerz zur Entwicklung seiner Persönlichkeit in gleicher Weise nutzt. Der Mensch kann die Verantwortung für sein Leben entweder äußeren Kräften wie der Gesellschaft, der Familie, Freunden oder geliebten Menschen überlassen oder selbst die bittersüße Verantwortung für die Entfaltung seiner Persönlichkeit übernehmen.

Das Erkennen der Zusammenhänge

Kein Mensch ist eine Insel. Jeder ist ein Stück des Kontinents, ein Teil des Ganzen.

John Donne

Die reife Persönlichkeit schreibt selbst das Drehbuch für ihr Leben, weiß aber auch, daß zwischen allen Dingen, die einem auf dem Weg durch das Leben begegnen, ein Zusammenhang besteht. Der reife Mensch erkennt, daß das Selbst nur so weit das Selbst ist, wie es eine Welt und eine Struktur gibt, deren Teil es ist – ein Teil und dennoch etwas vom Ganzen Abgesondertes, Eigenes. Wir sind eine Gemeinschaft von Menschen und leben in einer aus Dingen zusammengesetzten Welt. Wir sind, was wir sind, weil es Tiere gibt, weil Pflanzen wachsen, weil Bienen die Blüten bestäuben, weil der Wind weht, weil die Gezeiten wechseln, weil der Regen fällt und weil sich Zufälle und Unfälle ereignen. Nichts auf der Welt geschieht, ohne daß es sich irgendwie auf uns alle auswirkt. Auch die unbedeutendste Handlung, die wir vollziehen, hat eine Auswirkung auf die Welt.

Die Philosophen sagen, wir alle würden vom Strom des Lebens ergriffen und fortgetragen. Wir stammen alle aus einer Quelle, sind aber selbst nicht die Quelle. Wir entstehen als eine besondere Qualität der Quelle und kehren wieder zu ihr zurück, während die Quelle selbst sich nicht verändert. Wir folgen unserem Weg über Stromschnellen, durch ruhiges Wasser, manchmal in rasender Eile und dann wieder in gelassener Ruhe. Wir vereinigen uns unterwegs mit anderen Strömen und Flüssen, und dabei gewinnen wir Kraft, werden mächtig vorangetrieben oder geraten vorübergehend in trübe, stehende Tümpel. Aber gleichgültig, wie rasch, wie langsam, wie ruhig oder wie leidenschaftlich wir uns bewegen, wir kommen schließlich alle an das gleiche Ziel und erreichen den gleichen Ozean. Dann sind wir zu der Quelle zurückgekehrt, aus der wir aufgestiegen sind. Wir sind also zeitweilig der Beginn, das Ende und der Weg, aber *auf die Dauer* sind wir keines von ihnen. Wir sind ein wesentlicher Teil des dynamischen Vorgangs, aber wie alles andere gehen wir nur durch alles hindurch. Jeder von uns ist eine einzigartige Person, aber zugleich ist jeder auch eine universale Person. Und beide sind in gleicher Weise wichtig. Wenn wir geboren werden, ist unser Horizont begrenzt, wir sind egozentrisch und beschränkt. Je weiter wir wachsen, desto mehr werden wir zu der universalen Persönlichkeit, als die wir gedacht sind. Schließlich kommen wir zu der Erkenntnis, daß die meisten menschlichen Konflikte durch die Enge unseres Horizonts, durch unser Verhaftetsein an unsere persönlichen Probleme, unsere selbstsüchtigen Interessen und unsere eigenen inneren Widersprüche entstehen.

Für die meisten von uns ist ein Tag, an dem alles *unseren* Wünschen und Vorstellungen entsprochen hat, ein guter Tag gewesen. Ein gutes Leben ist für uns ein Leben, in dem *unsere* persönlichen Träume Wirklichkeit geworden sind. Es kümmert uns nicht, daß Tausende jeden Abend hungrig und verzweifelt zu Bett gehen, solange wir sie nicht sehen und sie uns nicht belästigen. Es ist uns gleichgültig, wenn Millionen Kinder geschlagen oder nicht richtig ausgebildet werden. Unsere Kinder wachsen gesund auf, es geht ihnen gut, und für die anderen sind wir nicht verantwortlich. Erst wenn die hungrigen Kinder uns überfallen und wir in unseren Häusern belästigt oder terrorisiert werden, erkennen wir, daß alle Dinge in einem großen Zusammenhang stehen. Wir können uns nirgends verstecken. Niemand trägt die Schuld. Wir geben uns alle unschuldig, mitgerissen von einem sich ständig verändernden Strom, für den doch jeder einzelne mitverantwortlich ist. Es ist eine Illusion zu glauben, der Friede ließe sich erreichen, ohne daß wir alle vereint, freudig und von Liebe erfüllt diesem Strom folgen. Der englische Dichter Francis Thompson hat einmal geschrieben, er könne keine Blume pflücken, ohne einen Stern zu stören.

Ein Busch wächst. Der Wind, vorüberfliegende Vögel und Insekten nehmen die Pollen auf und tragen sie über weite Strekken von der blühenden Pflanze fort. Wir gehen ahnungslos auf einem Morgenspaziergang vorbei, nehmen an unseren Kleidern ebenfalls die Pollen mit und sorgen nichtsahnend dafür, daß sich die Schönheit der Pflanze über ein neues Gebiet verbreitet. Die Pflanze kommt aus der gleichen Quelle, geht den gleichen Weg und nimmt unsere Hilfe in Anspruch, um ihn fortzusetzen. Ohne uns würde sie sterben, und alle, die uns folgen, müßten auf die Weisheit und Schönheit der Pflanze verzichten.

Irgendwie, und sei es auch auf eine ganz bescheidene und verborgene Art, sind wir alle voneinander abhängig. Menschen, die ein erfülltes Leben führen, kennen diese Kraft und wissen, daß sie aus der Quelle kommt, die Licht und Finsternis erzeugen kann. Ein Wort, eine Tat, ein zum Ausdruck gebrachtes Gefühl können weite Kreise ziehen – und nichtsahnende Reisegefährten berühren. Unsere Stimmung am Beginn eines Tages kann sich auf alle auswirken, denen wir begegnen. Der Strom folgt seinem Lauf. Wir können es nicht vermeiden, von ihm gemeinsam fortgetragen zu werden und alles, was uns begegnet, irgendwie zu beeinflussen. Die kollektive Verwirklichung der Reise geriete in Gefahr, wenn auch nur ein einziger Reisegefährte fehlte.

Die Zweckmäßigkeit des Handelns

Wer in den Bereich des Glaubens eintritt (in den Zustand der aufrichtigen Anteilnahme), betritt das Heiligtum des Lebens.

Paul Tillich

Vielleicht ist es der Sinn des Lebens, es so zu führen, daß man etwas bedeutet, daß die Gegenwart unseres einzigartigen Selbst auf dieser Erde etwas bewirkt, einen Unterschied macht. Der Existentialist sagt: »Sein heißt etwas tun.« Lebendige Menschen wissen, daß im schöpferischen Akt selbst die Kraft und Bedeutung dessen liegt, daß man ein Individuum ist.

Wir alle sind beteiligt an einer Art fortschreitender Evolution. Nur durch uns, durch unsere Einzigartigkeit und schöpferische Kraft können wir, die Menschheit, an der Ethik des Wachsens beteiligt werden. Das Fundament ist der Glaube an die Notwendigkeit des Handelns. Irgendwie hat jeder einzelne von uns etwas zu bieten; jeder kann zu diesem schöpferischen Vorgang einen Beitrag leisten. Allzu viele Menschen halten sich für nutzlos und wertlos und glauben, sie hätten dieser Welt nichts zu bieten. Wir entscheiden uns nur allzu gern für die Rolle des Mitläufers und scheuen uns, eine Führungsrolle zu übernehmen. Wir werden zu Konformisten und haben nicht den Mut, wir selbst zu sein und durch den Ausdruck dieses Selbst etwas Neues zu schaffen. So verlieren wir uns selbst, und dadurch erleidet auch die Welt einen Verlust; der Beitrag, den wir leisten könnten, wird nicht geleistet.

In den Kursen, die ich an der Universität abhalte, müssen alle Studenten innerhalb der Gemeinde ehrenamtlich irgend etwas für andere tun, und zwar meist in eigener Verantwortung. Viele geraten dabei in große Verwirrung. Sie fragen z. B. »Was gibt es zu tun?«, »Was kann ich tun?« Das Tragische im Leben der meisten von uns liegt darin, daß wir so isoliert leben und uns zu wenig der Tatsache bewußt sind, daß andere Menschen leiden, so daß wir, wenn wir Statistiken über Katastrophen, Hungersnöte, Verbrechen und die nutzlose Verschwendung wertvollen Potentials lesen, ungerührt davon bleiben und sogar die Tatsachen aus unserem Bewußtsein verdrängen. Das wurde in schmerzlicher Weise deutlich, als wir die nüchternen, teilnahmslosen Berichte über die Zahl der Toten während des Vietnamkrieges hörten. Der Ansager im Radio sagte dann etwa in ganz unbeteiligtem Ton: »970 Vietnamesen wurden bei den Kämpfen in der vergangenen Woche getötet. Während der gleichen Zeit sind nur 330 amerikanische Soldaten gefallen.« Um Gottes willen! Tausenddreihundert Menschenleben!

Vor ein paar Jahren kam ein junger Mann mit Namen Joel, der einen solchen Auftrag von mir erhalten hatte, verwirrt in mein Büro. Er konnte sich nicht vorstellen, was es für ihn in unserer Gemeinde zu tun geben könnte. Wer brauchte hier schon seine Hilfe?

Nach einem längeren Gespräch begleitete ich ihn zu einem Altersheim, dessen Leitung ich kürzlich versprochen hatte, freiwillige Helfer zu schicken. Nach einer kurzen Besichtigung war uns beiden klar, wie sehr man hier auf Hilfe angewiesen war. Die alten Menschen starrten teilnahmslos die Wände an und saßen apathisch in den düsteren Zimmern herum. Andere wanderten in unsauberen, viel zu weiten Schlafanzügen oder Morgenmänteln durch Haus und Garten, als suchten sie nach einem Platz, aus dem ihnen nicht die Leere entgegengähnte.

»Was gibt es hier zu tun?« fragte ich.

Joel begann damit, jede Woche einen Tag am Bett einer alten Frau zuzubringen, die von ihrer Familie im Stich gelassen worden war, um hier ihre alten Tage zu verbringen und zu sterben. Andere, ebenso einsame alte Menschen fingen an, sich für diesen gesunden jungen Mann zu interessieren, und kamen, um sich mit ihm zu unterhalten. Im Lauf der Zeit wurde »Joels Tag« in diesem Altersheim zu einer festen Einrichtung.

Die Unsterblichkeit wird uns durch die fortwährende Teilnahme am Schöpfungsvorgang zur Gewißheit.

Die Befürchtungen Joels, er werde sich wahrscheinlich nicht für eine solche Aufgabe eignen, vergingen sehr bald. Es zeigte sich, daß es schon genügte, da zu sein und sich ganz natürlich zu benehmen. Die alte Frau fing an, sich vor Joels Besuch umzuziehen. Sie ließ sich die bis dahin ungepflegten Haare waschen und leicht hellblau tönen. Auch die Männer, die auf dem gleichen Korridor lebten, fingen an, Hemd und Hose anzuziehen und sich lebhaft an den Gesprächen zu beteiligen.

Joel beschloß, seine Besuche auf drei Tage in der Woche auszudehnen. Es war eine Freude zu sehen, wie ein an sich so unbedeutendes Ereignis die ganze Atmosphäre in diesem Altersheim verwandelte. Die Höhepunkte dieser Besuche waren es, wenn Joel wie der Rattenfänger von Hameln eine ganze Prozession glücklicher alter Männer und Frauen durch den Park zum Ausgang führte, um mit ihnen ein Basketballspiel, eine Theateraufführung oder ein Konzert zu besuchen.

Wenn man sich entschließt, etwas zu tun, hat man nicht immer so dramatische Erfolge. In diesem Fall hat Joel jedoch begriffen, daß *tatsächlich* ein Bedürfnis bestand und *er* es wenigstens zum Teil befriedigen konnte. Er hat anschließend einen Sozialberuf ergriffen, der ihn bis heute ganz ausfüllt.

In allem, was wir tun, manifestieren wir *uns selbst*. Wer und was wir wirklich sind, zeigt sich erst in unserem Handeln und weniger in unseren Gefühlen oder in unseren Absichten. Jede unserer Handlungen sagt etwas über die Ziele aus, die wir verfolgen. Die Unsterblichkeit wird uns durch die fortwährende Teilnahme am Schöpfungsvorgang zur Gewißheit. Wir haben dazu beigetragen, die Welt zu bereichern. Weil wir existiert haben, ist etwas Bedeutsames entstanden.

Das heißt nicht, daß wir nur dann etwas Bedeutendes geleistet haben, wenn man uns dafür den Nobelpreis verleiht oder wenn wir welterschütternde Erfindungen gemacht, anderen das Leben gerettet oder künstlerische Triumphe gefeiert haben. Wir sollen nur das tun, was unsere ganz spezifische Aufgabe ist, und, was es auch sein mag, wir sollen es so gut wie möglich tun. Wir müssen nicht Salk, Curie, Jefferson, Keller oder King heißen, um die Welt reicher zu machen. Mrs. Smith oder Mr. Jones werden wahrscheinlich niemals Berühmtheiten sein oder ihre Namen in Büchern oder Zeitungen gedruckt sehen, aber auch sie können in dieser Welt unauslöschliche und bedeutsame Spuren hinterlassen. Alles, was zum Guten, zur Freude, zum Verständnis und zur Bejahung des Lebens führt, ist von Bedeutung. Es ist dieses Wissen um unsere Fähigkeit, unseren Beitrag zu einem universalen, unaufhörlichen und ewigen Wachstum zu leisten, das unserem Leben und unserem Mut, uns unsere Sterblichkeit einzugestehen, einen besonderen Sinn verleiht.

Die Bedeutung der Kommunikation

Ich sage euch aber, daß die Menschen müssen Rechenschaft ge-
ben am Jüngsten Gericht von einem jeglichen unnützen Wort,
das sie geredet haben.
Aus deinen Worten wirst du gerechtfertigt werden, und aus dei-
nen Worten wirst du verdammt werden.

Matthäus 12,36–37

Lebendige und aktive Menschen suchen das Gespräch mit anderen.

Der vielleicht schwierigste, aber wichtigste Aspekt im erfüllten Leben eines Menschen ist seine Fähigkeit, sich anderen mitzuteilen. Niemand kann uns kennen, wenn wir nicht bereit und
fähig sind, mit unseren Taten und Worten auszudrücken, wer
wir sind. Wir müssen unser sich unaufhörlich veränderndes
Selbst immer wieder durch unsere Sprache, unsere Gesten und
unsere Taten verständlich machen. Tun wir es nicht, dann sind
Verwirrung, Angst und Einsamkeit die Folge. Wenn wir uns
nicht bei jeder neuen Begegnung ehrlich und unverfälscht so
darstellen, wie wir sind, bleiben wir allein und können von unseren Mitmenschen nicht verstanden werden. Während eines
von mir geleiteten Seminars über »Liebe« erlebten die Teilneh-
mer ein interessantes Beispiel für diese Erfahrungstatsache.

Ein Hund kam in den Seminarraum. Er näherte sich erwar-
tungsvoll der Gruppe und wedelte angesichts der Möglichkeit,
von so vielen Menschen freundlich begrüßt zu werden, lebhaft
mit dem Schwanz. Dann ging er von einem zum anderen,
schaute jeden einzelnen neugierig an und wurde von allen gestreichelt. Wir ließen uns dabei nicht in unserem Gespräch stören, doch plötzlich rief ein junges Mädchen, das in der hinter-
sten Reihe saß, empört aus: »Verdammt!« Die Aufmerksamkeit der Gruppe wandte sich sofort dem Mädchen zu, das offen-

bar das Bedürfnis hatte, von den anderen beachtet zu werden. »Das ist doch nicht zu glauben«, sagte sie. »Die ganze Zeit sitze ich hier und wünsche mir, daß irgend jemand mich ansieht oder berührt, weil ich vor Einsamkeit fast vergehe. Aber nichts geschieht. Niemand kümmert sich um mich, und keiner von euch spürt, wie sehr ich euch brauche. Ich könnte hier vor Einsamkeit sterben. Aber dann kommt ein Hund herein, und sofort zeigt jeder ihm seine Zuneigung und streichelt ihn! Das ist unglaublich!« Ein junger Mann, der seinen Platz in ihrer Nähe hatte, wandte sich zu ihr und sagte: »Nun, vielleicht haben wir es getan, weil der Hund uns gezeigt hat, daß er sich nach Liebe sehnte. Er wedelte mit dem Schwanz und sah uns freundlich an. Als ich hereinkam, habe ich dich dort sitzen sehen. Ich hatte den Eindruck, du seist kühl, abweisend und ganz mit dir selbst beschäftigt. Du schienst nichts zu brauchen, und ich hätte nicht vermutet, daß du von mir berührt werden willst. Das Geheimnis liegt vielleicht darin, daß du die Menschen ehrlich wissen lassen sollst, was du brauchst, bevor du ihnen ihre Gleichgültigkeit vorwirfst. Schließlich sind wir keine Gedankenleser.«

»Nun, dann hört mir zu!« rief das Mädchen. »Ich brauche euch!« Und während sie das sagte, kniete sie sich auf den Boden und kroch dann auf allen vieren durch das Zimmer; sie versuchte, die Bewegungen und den Blick des Hundes zu imitieren und wurde selbstverständlich von allen gestreichelt.

Aber es ist nicht immer so einfach, sich verständlich zu machen. Worte können auch Fallstricke sein. Wir müssen genau wissen, was wir zum Ausdruck bringen wollen. Wenn wir uns undeutlich und vage äußern, führt das nur zu Angst und Unsicherheit. Würde uns irgend jemand auffordern, die Worte, die wir gebrauchen, klar zu definieren, könnten wir das wirklich tun? Es würde uns sicher schwerfallen. Nur wenige können es. Wie dürfen wir dann anderen den Vorwurf machen, sie verstünden uns nicht, wenn wir doch gar nicht in der Lage sind, uns wirklich klar auszudrücken und zu sagen, was wir von ihnen erwarten?

Der reife Mensch kennt die Fallen der Kommunikation, und deshalb geht er nicht nachlässig damit um. Er achtet sehr sorgfältig auf das, was er sagt und was andere ihm mitteilen wollen. Er versucht, sich möglichst exakt auszudrücken und nichts zu sagen, was den Gesprächspartner erschrecken könnte. Er ist bemüht, den Zusammenhang ganz klarzumachen, so daß Mißverständnisse möglichst ausgeschlossen sind. Oft versucht er dabei, zu erläutern, was er von dem anderen gehört zu haben glaubt, oder er fordert seinen Zuhörer auf, *neu zu formulieren*, was er ihm gesagt hat, um ein Feedback als Verstärkung seiner Absicht zu bekommen. Das ist die tiefere Bedeutung des Ausspruchs: »Der Weise läßt sich nie auf kurze Streitgespräche ein!«

Wir alle haben das Recht, unsere Meinung zu äußern, angehört und verstanden zu werden. Aber wenn wir nicht nur Selbstgespräche führen wollen, dann werden wir nur erfahren, wer wir sind, und auch andere werden nur erfahren, wer wir sind, wenn wir sagen können, was wir meinen.

Zweifel und Ungewißheit

Das Schönste, was wir erfahren können, ist das Geheimnis.

Albert Einstein

Unsere Existenz ist gefährdet und stetem Wandel unterworfen. Die Zukunft liegt im Dunkel, und wir werden ständig von Zweifeln geplagt. Aber dieses Zweifeln muß nichts Negatives sein. Wenn wir alles über unser Leben wüßten, ginge viel von dem Zauber verloren. Der Zweifel enthält das Element der Überraschung und der ständigen Neuheit. Sensible und intelligente Menschen sind immer voller Zweifel. Sie erblicken darin einen positiven Einfluß, der sie spontan sein läßt und ihre Entwicklung fördert. Es ist das Element der Unsicherheit, das dem Leben seine Würze gibt. Wie anders wäre das Leben, wenn wir Moment für Moment genau voraussagen könnten, was morgen geschehen wird. Wie langweilig wäre unsere Welt! Wie bald würden wir das Interesse verlieren, aufhören zu träumen und uns langweilen. Aber so ist das Leben nicht. Es stellt uns vor immer neue Fragen. Es zeigt uns in dramatischer Weise, daß wir uns auf nichts wirklich verlassen können. Wir wissen nicht, was uns der nächste Augenblick bringen wird. Das veranlaßt die meisten von uns, viel Zeit damit zu verschwenden, uns um mögliche Ereignisse in der Zukunft zu sorgen, um Dinge, die meistens außerhalb unseres Einflußbereichs liegen. Offensichtlich spielt es auch keine Rolle, daß sich unsere Befürchtungen in den meisten Fällen gar nicht bewahrheiten... Trotzdem hören wir nicht auf, uns Sorgen zu machen.

Wir alle haben irgendwann schon einmal gedacht, wenn Menschen und Dinge berechenbar wären, könnten wir ein friedlicheres und sicheres Leben führen. In Wirklichkeit kann es einen solchen Traumzustand nicht geben; denn es gibt keine

Dauer, keine Gewißheit, kein »für alle Zeit«. Alles ist vergänglich und verändert sich unaufhörlich. Darin liegt die Dynamik des Lebens.

Obwohl wir das wissen, wollen die meisten von uns alle Zweifel ausschalten, indem sie versuchen, ihre Zukunft genau vorauszuplanen. Wir lassen uns nicht davon abhalten, unser Leben auf Monate oder sogar Jahre vorauszubestimmen. Wir wollen wissen, was uns die Zukunft bringen wird. Das Planen bereitet uns sicher Vergnügen und ist bis zu einem gewissen Grade auch notwendig, aber doch müssen wir Burns recht geben, wenn er sagt: »Unsere schönsten Träume sind Schall und Rauch; die ersehnte Freude löste sich auf in Kummer und Schmerz.« Nur selten verläuft etwas wie geplant. Nicht in Erfüllung gegangene Träume sind die häufigste Ursache für nutzlosen Kummer. Wenn wir es nur zulassen wollten, daß uns Menschen, Dinge und das Morgen selbst ihre Geschichte erzählen, dann käme damit vielleicht ein neues Element des glücklichen Zufalls und der unerwarteten Entdeckungen in unser so komplex strukturiertes Leben. Außerdem könnten wir uns dann manche unnützen Sorgen und Enttäuschungen ersparen.

Zweifel und Ungewißheit veranlassen uns oft, außerhalb unserer selbst nach Stärke und Macht zu suchen. Wir erwerben große Vermögen, klettern unter unsagbaren Anstrengungen die Leiter des Erfolgs und der Macht hinauf, schmücken uns mit eindrucksvollen Titeln und hoffen, damit unsere Angst vor dem Unbekannten zu überwinden und ein gewisses Gefühl der Sicherheit zu gewinnen. Im geheimen bewundern wir die Mächtigen, suchen es den Erfolgreichen gleichzutun und bemühen uns um gute persönliche Beziehungen zu denen, die gesichert zu sein scheinen. Wir sind überzeugt, wenn wir ihr Geld, ihren Ruhm oder ihre Kraft besäßen, würden unsere Ängste und Zweifel verschwinden. Aber wir stellen erschüttert fest, daß sich kaum etwas geändert hat, wenn wir selbst reich, berühmt oder mächtig geworden sind. Wir haben jetzt nur Sorgen und Zweifel ganz anderer Art. Das Leben und die Welt werden ihrem Wesen nach immer ein Rätsel für uns bleiben. Wir haben keine andere Wahl, als das so zu akzeptieren, wie es ist. Das ist sogar die einzige Gewißheit, deren wir in aller Ungewißheit sicher sein können.

Um also in jeder Hinsicht lebendige Menschen zu sein, müssen wir das Neue genauso bereitwillig annehmen, wie wir uns mit dem Alten eingerichtet haben; wir müssen dem Unerwarteten ebenso furchtlos begegnen, wie wir uns mit dem Geplanten in falscher Sicherheit wiegen.

Die Bedeutung der Spiritualität

Für diejenigen, die sehen können, gibt es auf dieser Erde nichts Profanes. Im Gegenteil, alles ist heilig.

Teilhard de Chardin

Voll ausgereifte Persönlichkeiten haben eine tiefe Beziehung zur Spiritualität. Sie wissen, daß sich ihre menschliche Existenz und die Welt, in der sie leben, nicht mit dem menschlichen Intellekt allein erklären oder verstehen lassen. Sie wissen, daß sie den »Sprung in die Mystik« wagen müssen. Sie müssen über sich selbst und ihre begrenzte Realität hinausgehen. Sie haben die unerklärliche gefühlsmäßige Gewißheit, daß es darüber hinaus noch mehr gibt. Sie spüren, daß in der Schöpfung eine höhere Intelligenz wirkt als ihre eigene, auch wenn sie dieser Intelligenz keinen Namen geben können. Sie sind sich eines umfassenden Plans bewußt, nach dem alles Geschehen abläuft, innerhalb dessen alles miteinander im Einklang steht und es keine Widersprüche gibt.

Das Leben bietet uns nur wenige Erklärungen. Wir können uns der wahren Bedeutung des Lebens, der Quelle des Lebens oder eines Lebens nach dem Tode nicht sicher sein. Nur wir selbst können den leeren Raum ausfüllen, der durch diese Ungewißheit entsteht. Wir können uns entweder für den Glauben oder für das Nichts entscheiden. In beiden Fällen stehen wir vor einem Mysterium. Entweder glauben wir, daß alles einen Sinn hat, oder wir sind überzeugt, nichts habe einen Sinn – und doch ist beides im wesentlichen das gleiche. In beiden Fällen beschäftigen wir uns mit Gedankenspielen; denn es gibt weder für das eine noch für das andere einen schlüssigen Beweis. Das heißt nicht, daß es keine Antworten auf diese Fragen gibt. Es verhält sich damit so wie mit dem Zen Koan, nach dem es gleichgültig ist, ob wir glauben, wir seien der Mönch, der träumt, ein Schmetterling zu sein, oder ein Schmetterling, der träumt, ein Mönch zu sein, der träumt, ein Schmetterling zu sein.

Einigen von uns scheint es unmöglich, ohne Antworten zu leben. Die Leere ist viel zu furchterregend und zu schrecklich. Deshalb müssen wir Antworten auf die uns bedrängenden Fragen finden. Es gibt aber auch Menschen, die sich entschlossen haben, auf Antworten zu verzichten; sie halten sie für überflüssig. Sie leben, ohne Fragen zu stellen, und lassen sich die Antworten durch das Leben selbst geben. In beiden Fällen ist es notwendig, ein Glaubenssystem zu schaffen, dessen Richtigkeit sich nicht beweisen läßt. Doch wie wir uns auch entscheiden, hinter jeder Entscheidung steht unsere Spiritualität, deren Fundament unsere innere Gewißheit ist, ein Selbst zu sein, eine Überzeugung, zu der wir aus eigenem Antrieb gelangt sind.

Spiritualität, Glaube und Mysterium finden wir in jedem Aspekt unseres Lebens. Ich erinnere mich an einen Besuch in Neu-England, bei dem ich zum erstenmal die Pracht einer Herbstlandschaft erlebte. Ich hatte bis dahin noch nie Bäume gesehen, deren Laub so überwältigend leuchtende Farben zeigte. Am meisten beeindruckte mich, daß es am selben Baum, oft sogar am gleichen Ast, Blätter der verschiedensten Färbung gab, vom leuchtenden Gelb bis zum dunklen Purpur. Ich erinnere mich, daß ich mich verwirrt und zutiefst beeindruckt an meine Freunde wendete und sie fragte, warum das so sei. Sie hatten ihr ganzes Leben in dieser Gegend zugebracht, konnten meine Frage aber nicht beantworten. »So ist es nun einmal«, sagten sie. Eine gute Antwort, aber sie genügte mir nicht. Sicher hatten schon klügere Leute als ich die gleiche Frage gestellt und eine bessere, »wissenschaftliche« Antwort gefunden. Ja, es gab eine solche Antwort. Es gab botanische Erklärungen über die Wirkung des Sonnenlichts auf das einzelne Blatt je nach dem Winkel, in dem es zur Sonne steht, und über den »Frostfaktor«. Aber als ich das alles in den Fachbüchern gelesen hatte, war ich nicht weniger beeindruckt und ergriffen. Die wissenschaftlichen Erklärungen hatten diesem Erlebnis nichts von seinem Mysterium genommen. Weil sich etwas erklären läßt, ist es nicht weniger wunderbar und geheimnisvoll!

Wir können die Folge der Gezeiten fast bis auf die Sekunde berechnen. Wir können die Wanderungen der Zugvögel und Wale datieren. Es gibt sogar Menschen, welche die Oberfläche des Mondes betreten haben. Aber schmälert das die Herrlichkeit der Ozeane, die Magie des Vogelzuges oder die Pracht der Planeten?

Die Natur zu erleben, ihren Zauber und ihre wunderbaren Stimmungen ganz tief zu spüren, zu erkennen, was in den sogenannten »unbelebten« Dingen vorgeht, heißt, von der Spiritualität und Göttlichkeit aller Dinge eingefangen zu werden. Für mich ist das *Gewöhnliche* niemals selbstverständlich gewesen; es begeistert mich z. B. noch heute, wenn ich die Telefonnummer eines Menschen wähle, der sich an der Ostküste der Vereinigten Staaten oder in Europa befindet, und fast sofort seine Stimme höre, die mit »Hallo«, »Pronto« oder »Mushi, mushi« antwortet. Immer wieder erstaunt es mich, zu erleben, wie ein Streichholz aufflammt und zu brennen beginnt, wie ich mit einem Schalter Wärme oder Kälte erzeuge, eine Musiksendung oder das Fernsehgerät einschalte.

Daß ich ein Samenkorn in die Erde legen kann und daraus eine Blume entsteht, daß ich einem anderen Menschen mein Wissen vermitteln kann, daß es mir möglich ist, mein Gegenüber anzulächeln und sein Lächeln damit herauszulocken, das sind für mich ständige spirituelle Erfahrungen.

Ich halte einen Vortrag und stelle fest, daß ich mit meinen Worten etwas im Leben eines anderen Menschen bewirke. Ich habe die Fähigkeit, in einem anderen Trauer, Freude oder Gelächter auszulösen. Spiritualität!

Die große Vielfalt unserer Nahrungsmittel läßt mich staunen. Orangen, Äpfel, Karotten, Sellerie, Salat, Hunderte von Fleischsorten und Geflügel verwirren mich. Ein Gang zum Supermarkt ist für mich ein Erlebnis, und jedesmal bringe ich viel zu viel nach Hause. Jede Speise hat ihren besonderen Geschmack, jede Blume hat eine eigene Gestalt und ihren eigenen Duft, jeder Tag und jede Nacht hat eine eigene Musik. Nicht die Welt ist also leer und ohne Wunder – wir sind es.

Der Bereich der Magie gehört nicht nur dem Zauberer. Wir alle sind Magier mit der Fähigkeit, etwas erscheinen und wieder verschwinden zu lassen. Wir schaffen das Mysterium jedes einzelnen Tages – die Geheimnisse liegen unter jedem Baum, in jedem Insekt, in jedem Gedanken. Die Blumen blühen, ob wir sie beachten oder nicht. Jede Speise hat ihren Geschmack, auch wenn wir es nicht wahrnehmen. Jeden Morgen geht die Sonne strahlend auf, auch wenn wir nicht früh genug aufstehen, um den Sonnenaufgang zu erleben. Der Geist eines jeden Menschen und aller Dinge umgibt uns, auch wenn wir zu stumpf und schläfrig sind, um ihn zu spüren, ja selbst, wenn wir seine Existenz leugnen. Spiritualität bedeutet die Wahrnehmung all dessen, was ist, und die Öffnung gegenüber allem, was nicht ist. Sie ist die Kraft und Furchtlosigkeit, die uns erlaubt, die Wirklichkeit und uns selbst zu transzendieren.

Lebendige Menschen wissen, daß es diese Magie ist, die dem Leben seine Würze verleiht, die Langeweile vertreibt und unsere Existenz über Raum und Zeit hinausführt. Ein lebendiger Mensch zu sein heißt, sich von einer Orange begeistern zu lassen und beim Anblick eines Grashalms ekstatische Freude zu empfinden! Ganz lebendig zu sein heißt, sich der Welt vertrauensvoll zu öffnen und das Göttliche in allen Dingen zu berühren.

Enttäuschung und Schmerz

Jeder Augenblick des Lichtes und der Finsternis ist ein Wunder.

Walt Whitman

Die reife Persönlichkeit nimmt Kummer und Schmerz als eine unvermeidbare Realität des Lebens an. Für einen solchen Menschen ist der Schmerz sogar die deutliche Aufforderung, sich zu ändern. Das heißt nicht, daß er leiden will oder passiv darauf wartet, verletzt zu werden. Er begreift aber, daß der Schmerz nicht nur etwas Unangenehmes ist, sondern auch als positive Kraft wirken und dafür sorgen kann, daß unsere menschlichen Qualitäten wachsen. Ein Leben ohne Schmerz, wenn es das gäbe, wäre unvollkommen; denn Schmerz und Freude stehen in einer engen Beziehung zueinander, sie sind manchmal voneinander abhängig, und unter bestimmten Voraussetzungen steigern sie sich sogar gegenseitig.

Der reife Mensch ist sich der Tatsache bewußt, daß wir unseren Kummer großenteils selbst erzeugen. Er entsteht nicht, wie wir oft glauben, als Folge von Handlungen anderer Menschen, und er wird auch nicht durch negative Umstände oder unglückliche Ereignisse hervorgerufen. Der Schmerz ist unsere persönliche Reaktion auf diese Dinge. Es sind nicht die anderen Dinge und Menschen, die uns unglücklich machen. Wir sind es selbst. Wir sind in ganz realem Sinne für unsere Schmerzen direkt verantwortlich. Wir können uns entweder verzweifelt gegen unsere menschliche Situation wehren und unsere Freunde, unsere Familie, die Gesellschaft und Gott verfluchen, weil wir glauben, daß sie dafür verantwortlich sind; oder wir können diese Situation annehmen und etwas Konstruktives, Persönliches unternehmen, um sie zu verbessern. Die erste Entscheidung wird uns weiterhin nutzlose Schmerzen bereiten, die zweite wird uns

Lösungen bringen. Wir können beim Gedanken daran, daß wir unaufhaltsam älter werden und sterben müssen, in eine hoffnungslose Depression verfallen, die uns der Möglichkeiten berauben wird, die das Leben uns heute zu bieten hat – oder wir können diese Tatsachen als Anregung dafür nehmen, die Qualität unseres Lebens jetzt zu verbessern. Eine persönliche Zurückweisung kann für uns ein unüberwindliches Hindernis bedeuten und ein Grund für Selbstmitleid und Haß sein. Wir können sie aber auch zum Anlaß nehmen, unser Verhalten kritisch zu untersuchen und es zu korrigieren, um dadurch das Verhalten anderer uns gegenüber zu verändern. Es liegt an uns, die richtige Entscheidung zu treffen. Nikos Kazantzakis hat einmal ganz kühn gesagt: »Wir haben Pinsel und Farben – laßt uns das Paradies malen und hineingehen!« Wenn wir wollen, kann es auch die Hölle sein. Aber wenn wir uns für die Hölle entscheiden, dann müssen wir wissen, daß es unsere eigene Wahl ist und wir nicht mehr unsere Eltern, Freunde, Familie, die Gesellschaft oder Gott dafür verantwortlich machen können. Niemand und nichts kann uns unglücklich machen oder seelische Schmerzen zufügen, wenn wir es nicht zulassen.

Wir können aus unseren Schmerzen aber auch vieles lernen, und da die meisten von uns noch nicht stark genug sind, sich von allen Schmerzen zu befreien, können wir sie in anderer Weise nutzen.

Die meisten Menschen schrecken schon vor dem Gedanken an das eigene Leid zurück und betrachten es als einen völlig negativen Aspekt ihrer Existenz. Sie wollen jeden Kummer und jeden Schmerz unter allen Umständen vermeiden. Sie beschäftigen sich mit allen möglichen mentalen Übungen, schlucken buchstäblich tonnenweise Pillen oder betäuben sich mit Alkohol, Beruhigungsmitteln und Drogen. Einige flüchten sich in ihrer Verzweiflung sogar in Psychosen und vollziehen damit die totale Flucht vor den schmerzlichen Aspekten der Wirklichkeit. Sie können nicht begreifen, daß der Schmerz eine dynamische Kraft sein kann, die uns hilft, bewußt zu leben. Ich bin sogar davon überzeugt, daß wir nur wachsen können, wenn wir gewisse leidvolle Erfahrungen machen, und daß das Ausmaß des Leidens einen positiven Bezug zum Ausmaß der Veränderung hat. Und das Leiden ist eine sehr menschliche Methode, uns darauf aufmerksam zu machen, daß wir uns ändern sollen.

Gäbe es keine körperlichen Schmerzen, dann könnten wir unsere Krankheiten und Verletzungen nicht spüren und würden sehr bald sterben. Physischer Schmerz ist zwar unangenehm, zeigt uns jedoch an, daß die körperlichen Funktionen gestört sind und etwas unternommen werden muß. Wenn wir Zahnschmerzen haben und sofort zum Zahnarzt gehen, retten wir vielleicht den Zahn, und er muß nicht gezogen werden. Beachten wir die Schmerzen nicht, dann können sie vorübergehend aufhören, aber schließlich werden wir den Zahn verlieren.

Ähnlich steht es mit dem seelischen Schmerz. Wenn wir uns jedesmal beim Auftreten eines solchen Kummers damit beschäftigten und interessiert fragten, was die Ursache ist, was wir daraus lernen können und welche Alternativen wir haben, auf eine solche Situation zu reagieren, dann würden wir vielleicht den wahren Grund für unseren Kummer feststellen und eine schöpferische Alternative für unser Verhalten finden, die uns helfen könnte, mit unserem Problem fertig zu werden. Wenn wir versuchen, anderen die Schuld für unseren Kummer zu geben, ihn zu unterdrücken oder zu sublimieren, werden wir wahrscheinlich feststellen, daß er immer wieder auftaucht und wir ihn deshalb immer wieder erleben müssen. Ich habe zum Beispiel eine Freundin – eine schöne, aber einsame Frau –, die fünfmal den gleichen Mann in jeweils verschiedener körperlicher Gestalt geheiratet hat. Obwohl jede dieser Ehen sie in die gleiche Verzweiflung gestürzt hat, hat sie nichts aus den so tragisch gescheiterten Versuchen gelernt. Wahrscheinlich wird sie ihren Fehler demnächst zum sechsten Mal wiederholen. Allerdings spricht ein positiver Gesichtspunkt für sie: Sie versucht es immer wieder.

Es gibt Menschen, die sich in noch größerer Gefahr befinden, weil sie, wenn sie Schmerzen spüren, sofort Strategien erfinden, mit denen sie sich künftig schützen wollen. Sie lassen

Wenn wir uns an unsere Schmerzen klammern,
bestrafen wir uns schließlich selbst.

sich gehen, werden apathisch, von lähmender Angst überwältigt oder verzichten auf jeden Umgang mit anderen Menschen und ziehen sich in die Isolation zurück. Sobald sie eine bestimmte Situation mit Schmerz gleichgesetzt haben, werden sie sich weigern, wieder in eine ähnliche Situation zu geraten. Sie sind überzeugt, daß sie dabei jedesmal das gleiche erleben werden. Nachdem sie in einer Liebesbeziehung einmal abgewiesen worden sind, werden sie gegenüber der Liebe mißtrauisch, vermeiden Zärtlichkeiten und sind mißtrauisch gegen jeden, der sich ihnen als Liebender nähern will. Selbst wenn die Einsamkeit schmerzlicher ist als die Zurückweisung, die sie einmal erfahren haben, wählen solche Menschen unter Umständen die Isolation.

Mancher klammert sich an den Schmerz wie an einen geliebten Menschen, aber ebenso wie bei dem Versuch, den Geliebten in ein Gefängnis zu sperren, muß er einen sehr hohen Preis dafür bezahlen. Sich an seinen Schmerz zu klammern, kostet ungeheure psychische Kräfte und zerstört die Kreativität, die viel besser für ein aktives Leben genutzt werden könnte. Viele Menschen schleppen während des größten Teils ihres Lebens einen nutzlosen Kummer mit sich herum, einen Kummer, mit dem sie sich niemals richtig auseinandergesetzt haben und der dazu geführt hat, daß sich im Laufe der Jahre starke Gefühle der Verbitterung, der Angst, des Hasses und der Rachsucht angesammelt haben. Und diese Gefühle leben weiter, wenn der Kummer oder seine Ursache schon längst vergessen ist. Der nicht aufgelöste Kummer hat den Menschen nur mißtrauisch, verwirrt oder skeptisch gemacht. Wenn wir uns an unsere Schmerzen klammern, bestrafen wir uns schließlich selbst.

Der reife Mensch besitzt den Mut und die Kraft, seiner Verzweiflung Herr zu werden. Er sieht in ihr ein positives Alarmsystem, das ihn zum Handeln und zur Veränderung anregt und daher ein wesentlicher Teil seines inneren Wachstums ist. Er weiß auch, daß sich Kummer und Schmerz nicht vermeiden lassen, sondern als Teil unserer Existenz hingenommen werden müssen. Wenn wir das erkannt und daraus gelernt haben, sind wir frei, zu verzeihen und uns endgültig von unserem Kummer zu lösen.

Intimität und Liebe

Wie sind wir beide Eins –
Die Nacht kann nicht so sehr zum Himmel werden;
Der Himmel nicht so voller Sonnenlicht;
So sehr bin ich durch dich mein eigenes Ich...

e. e. cummings

Wer ein erfülltes Leben führt, weiß, daß er den Umgang mit anderen Menschen braucht. Er weiß auch, sein Verlangen nach Liebe und Intimität bedeutet nicht, daß er weniger sein soll als er ist, sondern ist eher eine Gelegenheit, seine reichen Kräfte und Möglichkeiten zu nutzen und mit anderen zu teilen. Er fühlt sich durch Liebe und Intimität nicht eingeengt, sondern sieht darin eine besondere Chance, innerlich zu wachsen. Er weiß, daß er keinen anderen Menschen besitzen kann, und auch er will nicht von anderen beherrscht werden. Es ist ihm bewußt, daß Intimität die Menschen einander näher bringt, daß jedoch jeder dafür verantwortlich ist, seine Selbständigkeit zu bewahren; um gemeinsam mit anderen wachsen zu können, muß sich jeder für sich selbst weiterentwickeln. Unterschiede sind eine Herausforderung und keine Bedrohung für die Liebe und Intimität. Der reife Mensch weiß, wenn zwei Individuen eine intime Beziehung eingehen wollen, vereinigen sie dabei zwei im Grunde verschiedene Welten und teilen nicht nur Gemeinsames, sondern werden auch mit Unterschieden und Gegensätzen konfrontiert. Doch gerade diese Gegensätze werden das Wachstum des einzelnen stimulieren. Die Tiefe unserer Liebe läßt sich im allgemeinen daran messen, wie weit wir bereit sind, Eigenes mit anderen zu teilen. Wir beginnen als zwei Einzelpersönlichkeiten. Wir schaffen einen von beiden zu füllenden Raum, und auf diese Weise entsteht das *Wir*. Innerhalb dieses Raumes wächst die Intimität. Mit dem Umfang der gemeinsamen Erfahrungen nimmt der Raum zu, der *uns* gehört.

Liebe und Intimität entwickeln sich durch zahlreiche Stufen und sind deshalb in ständigem Wandel begriffen. Die Intimität der ersten Begegnung wird nicht die Intimität der Flitterwochen sein, es wird aber viele Flitterwochen geben. Es kommen die Flitterwochen des ersten gemeinsamen Schlafzimmers mit seinen geliehenen Möbeln, die Flitterwochen des ersten Kindes, die Flitterwochen der ersten Anzahlung für das gemeinsame Haus, die Flitterwochen des ersten bedeutenden Erfolgs im Beruf, die Flitterwochen des Wachsens der Familie, wenn die Kinder ihre eigenen Familien gründen, die Flitterwochen des gemeinsamen Altwerdens. Jede dieser Lebensphasen bringt uns etwas Neues und vertieft die Intimität. Deshalb ist es unbedingt notwendig, daß der reife Mensch sich jeder Veränderung bewußt wird und bereit ist für neue Veränderungen. Der Mensch, den wir heute in die Arme schließen, wird morgen nicht mehr der gleiche sein, ja, er wird sich schon nach einer Stunde verändert haben. Die Liebe wächst nicht im Blick auf die Vergangenheit; sie wird immer im Heute erlebt.

Die reife Intimität und Liebe gründen sich nicht auf Erwartungen. Da niemand, nicht einmal ein Heiliger, alle unsere Erwartungen kennen und erfüllen kann, führt es nur zu Kummer und Enttäuschungen, wenn man von dem anderen etwas erwartet. Die einzige zu rechtfertigende Erwartung in der Liebe ist die Hoffnung, daß die Menschen, die wir lieben, zu sich selbst finden mögen, so wie wir das auch tun. Aus Pflichtgefühl geschenkte Liebe ist die größte Beleidigung und deshalb überhaupt keine Liebe. Echte Liebe und Intimität wachsen am besten in der Spontaneität und bieten eine Fülle von Gelegenheiten, gemeinsam zu lachen und Freude und Schönheit zu genießen. Wir alle wissen, was es bedeutet, ein herausragendes Erlebnis mit einem anderen zu teilen, sei es ein freudiges oder ein schmerzliches. Einen Augenblick lang läßt eine solche Erfahrung zwei Menschen völlig eins werden. Solche Augenblicke vertrautester Intimität sorgen dafür, daß die Liebe immer neu, erregend und jung bleibt.

147

Wie schon an anderer Stelle gesagt, bezieht die reife Intimität auch das Körperliche ein. Offenbar gehört dazu das sinnliche Bedürfnis, dem Geliebten nahe zu sein, ihn körperlich zu berühren, ihn zu umarmen und seine Nähe zu spüren. Deshalb muß der reife Mensch lernen, mit seiner Sexualität umzugehen. Unsere eigene Sexualität muß für uns etwas Positives und Selbstverständliches werden, bevor wir es wagen können, sie dem anderen freimütig und ehrlich zu zeigen. Das heißt aber nicht, daß wir mit jedem, mit dem wir durch Liebe verbunden sind, sexuelle Beziehungen anknüpfen wollen. Im weiteren Sinne gibt es »sexuelle« Beziehungen, bei denen es uns schon genügt, mit dem anderen im gleichen Raum zu sein, genauso wie es uns genügt, unser Kind im Arm zu halten oder ein tiefes Gefühl mit einem Freund oder einer Freundin zu teilen.

Es gibt vielleicht kein natürlicheres, kein vollständiger befriedigendes Handeln, dessen der Mensch fähig ist, als die sexuelle Zuwendung der reifen Persönlichkeit. Hier, in der höchsten Form der Sexualität, liegt das tiefe Verlangen, ganz mit dem anderen vereint zu sein. Es ist der vollkommenste Ausdruck der Liebe, in dem sich alle ihre positiven Manifestationen vereinigen – die Zuneigung, die Hingabe, das Teilen mit dem anderen, die Fürsorge, die Bestätigung, die Anerkennung, die Erfüllung der Wünsche des anderen und die Vereinigung beider Liebenden. Die Sexualität als Ausdruck aufrichtiger Liebe kann das zur höchsten Form gesteigerte Symbol des Einsseins werden.

Liebe und Intimität bedürfen des verbalen Ausdrucks. Allzu oft setzen wir voraus, daß der andere weiß, was wir denken oder fühlen. Oft sind wir überrascht festzustellen, daß das nicht zutrifft. Der Liebende muß dem Geliebten entgegenkommen und sein Herz anrühren – ein Wort, ein kurzer Brief, eine Blume, ein schlichter Vers können ihm die ersehnte Bestätigung geben. Die so zum Ausdruck gebrachte Liebe wird den anderen niemals ermüden.

Liebe und Intimität erfordern Mitgefühl. Wenn wir nicht fähig sind, mit dem anderen zu fühlen, können wir auch nicht lieben. Das heißt nicht, daß wir uns voll und ganz in die Gefühle

148

und die Haltung des anderen einfühlen können. Es ist mir peinlich, wenn irgend jemand sagt: »Ich weiß, was du fühlst!« Niemand weiß das! Niemand kann es wissen! Bestenfalls können wir nur das verstehen, was wir selbst erlebt haben, und jede Erfahrung ist etwas ganz Persönliches. Wenn wir jedoch unsere eigenen Konflikte und Gefühle verstehen, die den allgemein menschlichen Erfahrungen entsprechen, dann fangen wir an zu begreifen, wie es anderen zumute sein könnte. Und hier beginnt das Mitgefühl.

In der Liebe und Intimität nutzt keiner den anderen aus. Es gibt ein altes Sprichwort, das noch heute gilt: »Gebrauche die Dinge, aber liebe die Menschen.« Es ist erschreckend, wie viele im Namen der Liebe gerade das Gegenteil tun: Eltern nutzen ihre Kinder aus, Ehemänner mißbrauchen ihre Frauen, Erzieher gebrauchen ihre Schüler, Radikale mißbrauchen die Gesellschaft. Sie benutzen das Leben anderer, um sich ihr eigenes Dasein und ihren eigenen Wert zu bestätigen. Aus diesem Grund ist die Liebe zu einem so fragwürdigen und erschreckenden Begriff geworden. Sie wird allzu oft dazu benutzt, zu verletzen anstatt zu stimulieren. Ausbeutung in einer menschlichen Beziehung, wie sie auch immer begründet werden mag, kann niemals Liebe sein!

Die vollkommene menschliche Liebe ist schwer zu finden. Es gibt offenbar nur sehr wenige Vorbilder. Aber die Verhaltensweisen, welche die Liebe zu fördern scheinen, sind immer die gleichen. Man kann sie beobachten und untersuchen. Der reife Mensch weiß, daß die Liebe hauptsächlich aus einem selbst kommen muß und man sie am besten lernt, indem man sich einfach dem Gefühl der Liebe öffnet und jeden Tag seines Lebens als aufrichtig Liebender zubringt.

Wir haben in diesem Kapitel nicht sagen wollen, daß die reife Persönlichkeit vollkommen sein müsse. Das Gegenteil ist richtig. Vollkommenheit bedeutet einen nicht mehr zu überbietenden, endgültigen Zustand, die Erfüllung und den Abschluß eines Entwicklungsprozesses. Der reife Mensch strebt nicht einmal im Tode danach.

5.
Die Herausforderung
für Deine voll entwickelte und
aktive Persönlichkeit

Vor allem muß jeder einzelne, obwohl alle Menschen die gleiche Bestimmung haben, seine eigene persönliche Erlösung für sich selbst in Furcht und Zittern erkämpfen. Zweifellos können wir einander helfen, den Sinn des Lebens zu finden. Aber letzten Endes ist jeder einzelne Mensch verantwortlich für sein eigenes Leben und dafür, »sich zu finden«. Wenn er seine persönliche Verantwortung immer wieder auf andere abschieben will, dann wird er die Bedeutung seines eigenen Daseins niemals erkennen. Du kannst mir nicht sagen, wer ich bin, und ich kann dir nicht sagen, wer du bist. Wenn du deine eigene Identität nicht kennst, wer soll dich dann identifizieren?

Thomas Merton

Da das Potential der reifen Persönlichkeit unbegrenzt ist, kann auch dieses Buch unser Thema nicht erschöpfend behandeln. Was wir hier untersucht haben, war nur ein zaghafter Beginn, ein Herumtasten in den unendlich komplexen Zusammenhängen und Wundern, aus denen die menschliche Persönlichkeit besteht. Ebenso wie die Gesellschaft, in der wir leben, besteht jeder einzelne von uns aus oft unbegreiflichen Widersprüchen, Komplexitäten, Fehlern, Ungewißheiten und magischen Geheimnissen. Die Suche nach der vollkommenen Menschlichkeit gehört auch zu dem Versuch, hinter den Widersprüchen einen für uns persönlich gültigen Sinn zu entdecken, die augenscheinlichen Komplexitäten zu entwirren, mit unseren Fehlern und Schwächen zu ringen, die Ungewißheiten zu zerstreuen und uns aktiv an dem Zauber dieses Lebens zu freuen.

Man sagt uns, die Persönlichkeit und ihre Verwirklichung seien heute ebenso überholt wie die Phänomene Leben und Tod und das Ringen um sie. Die moderne Wissenschaft behauptet, sie werde demnächst in der Lage sein, den vollkommenen Menschen im Laboratorium herzustellen und ihn nach einem fein erdachten Modell der anatomischen Perfektion für das Leben zu programmieren. Zugleich bezweifeln die Erzieher, daß der Mensch fähig sei, mit Werten wie Freiheit und Würde umzugehen, und entwerfen eifrig Pläne für ein programmiertes Lernen, das, wie sie versichern, uns nach einer durch Experimente erhärteten Methode von der Konflikte erzeugenden Illusion befreien wird, wir seien unwiederholbare Einzelwesen. Anstelle dieser Illusion wollen sie allen Menschen eine Art lebenslange Zufriedenheit verschaffen. Sie behaupten, an der Wurzel aller menschlichen Probleme läge unser Traum von der Persönlichkeit, und wenn wir bereit seien, uns von diesem Traum zu lösen, würden sie uns von allen Schmerzen, Konflikten und Ängsten befreien.

Aber ich bin ein Optimist. Mir gefällt es, ein menschliches Wesen zu sein. Trotz all meiner Schwächen und trotz meiner Fähigkeit, zu verletzen, zu vergessen, Konflikte zu verursachen, Schmerz und Angst zu spüren, bin ich vom Leben begeistert. Und selbst wenn das Leben, das ich führe, eine Illusion

Wie haben einen starken Überlebenswillen, das intensive Verlangen zu leben. Wie hätten wir sonst so viele Jahrhunderte der Versklavung, des Hungers, des Leidens, der Gefangenschaft und des Kämpfens durchstehen können, um uns schließlich doch für das Leben zu entscheiden?

ist, wie man mir versichert, so ist es doch wenigstens eine spannende Illusion, und ich habe sie selbst geschaffen! Außerdem bin ich überzeugt, daß die meisten Menschen eher so sind wie ich als anders. Sie lassen sich nicht so leicht aufs Glatteis führen und können auch nicht so ohne weiteres von ihrer Wertlosigkeit und Hilflosigkeit überzeugt werden. Wir haben einen starken Überlebenswillen, das intensive Verlangen zu leben. Wie hätten wir sonst so viele Jahrhunderte der Versklavung, des Hungers, des Leidens, der Gefangenschaft und des Kämpfens durchstehen können, um uns schließlich doch für das Leben zu entscheiden?

Unsere Entwicklung zur Persönlichkeit ist kein Geschenk, sondern unser unveräußerliches Recht. Wir haben das Recht, auf dieser Erde und in diesem Universum zu leben. Wir wollen nichts mehr von Entfremdung hören. Wir sind es überdrüssig, zerstückelt zu werden und unter der ständigen Bedrohung der Vernichtung weiterleben zu müssen. Alles in allem ist es gar nicht so schlecht um uns bestellt.

Wir sehnen uns danach, wieder ganze Menschen werden zu dürfen. Wir wollen das Leben noch intensiver und ganzheitlicher erfahren als früher, mit allen Fasern unseres Seins, mit Körper, Geist und Seele. Das Leben soll für uns ein Fest sein. Unsere Geschichte ist vielleicht nicht sehr erfreulich und ermutigend verlaufen, und wir werden ständig daran erinnert; wir sind aber nicht unwiderruflich an unsere Vergangenheit gefesselt. Wir wollen uns jetzt daran beteiligen, eine bessere Welt entstehen zu lassen.

Wir sind alles andere als entmutigt. Jeder von uns verfügt über das Potential, das er braucht, um an einer Neugestaltung der Welt mitzuwirken. Die stärkste motivierende Kraft, die notwendig ist, dieses Ziel zu erreichen, besteht in unserer persönlichen Verpflichtung, unser eigenes Leben zu gestalten und voll zu nutzen, und zwar nicht nur, um zu existieren, sondern um das Leben in seiner ganzen Fülle zu erfahren. Unser Leben ist ein Originaldokument, das nur wir schöpferisch gestalten können. Entweder wir tun das, oder es wird nie ein solches Dokument geben.

Die Kraft dazu liegt in jedem von uns. Wir können sie nutzen, wann immer wir es wollen. Sie geht niemals verloren. Sie schlummert in uns, bis *wir selbst* lebendig werden. Diese Kraft ist nichts Geheimnisvolles. Sie kommt täglich zur Wirkung, jedesmal wenn wir ganz bewußt sind und uns begeistert und hingebungsvoll auf den Prozeß des Lebens einlassen.

Das ist die Herausforderung, die es anzunehmen gilt. Es ist eine ganz persönliche Herausforderung, der sich jeder nur für sich selbst stellen kann, und doch müssen wir es alle tun, um unserem Leben gegenseitig einen Sinn und einen Wert zu geben.

Für einige von uns wird dieses Ringen ein Umlernen erfordern. Für andere wird es die ebenso schwierige Aufgabe bedeuten, das zu verlernen, was sie bisher gelernt haben, was ihr Wachstum aber nicht mehr fördern kann. Die meisten werden beides tun müssen. Welchen Weg wir auch gehen, leicht wird es in keinem Fall sein. Es wird allerdings etwas einfacher, wenn wir nicht versuchen, alle unsere Ziele an einem Tag zu erreichen.

Unsere Lebensumstände bieten uns zu jeder Zeit alle notwendigen Voraussetzungen. Das Leben wartet nur darauf, von uns angenommen zu werden. Es bietet uns die für uns geeigneten Alternativen an, billigt unsere Entscheidungen und entwickelt sich in unsere Richtung. Die Fehler, die wir begangen haben, werden uns immer wieder verziehen. Wir dürfen alle Fehler wieder gutmachen und werden ständig zu neuem Handeln ermutigt. In jedem Augenblick dürfen wir von neuem anfangen. Das Leben ist stets bereit, uns zur Verwirklichung unseres ganzen aktiven Selbst zu führen; denn nur so kann das Leben selbst wachsen und an Intensität gewinnen. Nur das Leben erzeugt neues Leben.

Wir haben keinen Grund, uns zu fürchten. Hemingway hat einmal gesagt: »Der Mensch ist nicht für die Niederlage geschaffen. Er kann vernichtet werden, aber nicht besiegt.« Das Leben steht auf unserer Seite, und solange wir es besitzen, können wir mit unserem Leben experimentieren; wir haben die besten Chancen, den Kampf zu gewinnen.

Deine persönliche Existenz ist eine Realität. Sie ist dein

wertvollster Besitz. Sie läßt sich bewußt wahrnehmen, erfahren und fühlen. Ihr Verlust träfe niemanden härter als dich selbst. Solange du sie besitzt, kannst du unaufhörlich wachsen, dich entwickeln und verändern. Das Entstehen der Persönlichkeit ist ein Wunder. Von dem Augenblick an, da du *du selbst* geworden bist, gehst du deinen Weg. Dieses Wunder gering zu schätzen wäre die größte Sünde, die du begehen kannst. Wolltest du deine Persönlichkeit daran hindern, sich zu verwirklichen, dann wäre das der Verzicht auf deine Rolle innerhalb des großen Lebenszyklus, der ständig neues Leben schafft.

Vor einiger Zeit faßte ich den Entschluß, die Kunst des japanischen Pinselzeichnens zu erlernen. Ich wendete mich an einen berühmten Lehrer, kaufte das notwendige Material und vereinbarte regelmäßige Unterrichtsstunden. Ich wartete ungeduldig auf den Augenblick, an dem ich eines der aus vier oder fünf Pinselstrichen bestehenden Meisterwerke auf das Papier bringen würde, wie sie die japanischen Maler in wenigen Minuten erzeugen konnten – einen Schmetterling auf einem Bambusblatt oder einen Dattelpflaumenzweig im Mondlicht.

Wie enttäuscht war ich, als mein Lehrer nach ein paar Monaten immer noch von mir verlangte, gerade Pinselstriche über ein weißes Blatt Papier zu ziehen, einen Strich neben dem anderen, bis es zwanzig Pinselstriche waren. Jeder sollte die gleiche Struktur, die gleiche Breite und das »gleiche Gefühl« haben. Wo blieb mein Schmetterling? Wo war meine Dattelpflaume? Das würde später kommen, versicherte er mir. Jetzt und in den nächsten Monaten sollte ich mich darauf konzentrieren, einfache gerade Striche zu ziehen.

Eine Kunst beherrschen zu lernen erfordert Zeit, das Verständnis und das richtige Gefühl für das Material und große Geduld, um sich die Grundkenntnisse und Fertigkeiten anzuzeigen, die der Künstler braucht. Dazu gehört die Bereitschaft, zu experimentieren, Fehlschläge in Kauf zu nehmen, Risiken einzugehen, Enttäuschungen und sogar Verzweiflung hinzunehmen, um schließlich die erlernten nachgeahmten Techniken aufzugeben und sich ganz in einer eigenen Schöpfung ausdrücken zu können. Ein Lebenskünstler zu sein erfordert nichts Geringeres.

Der christliche Philosoph Meister Eckehart aus dem 13. Jahrhundert, dem wir erstaunlich tiefe Einsichten verdanken, hat einmal gesagt: »Die Schale muß aufgebrochen werden, wenn der Inhalt sichtbar werden soll; denn wenn du den Kern sehen willst, mußt du ihn von der Schale befreien.«

Ich habe hier versucht, die Schale zu zerbrechen. Ich hoffe, den Kern so weit bloßgelegt zu haben, daß der Leser ihn genauer untersuchen kann. Hier neben der zerbrochenen Schale finden wir nun den Tod als unseren Verbündeten, die Selbstverwirklichung als unsere Hoffnung, die Verbundenheit als unsere Stärke, unsere Einzigartigkeit als unser Ziel; wir finden die Verzückung, die uns die Intimität und Liebe gewähren, und die Kräfte, die uns erlauben, unsere Zweifel, Enttäuschungen und Schmerzen zu überwinden. Es läßt sich noch viel mehr entdekken. Trösten wir uns mit dem Gedanken, daß der erste Schritt getan ist.

Die Schale ist aufgebrochen; der Kern ist sichtbar geworden und wartet auf dich.

Vorstoßen in das leere Nichts
Und etwas erwarten –
Ein Hieb in den luftleeren, schweigenden Raum
Auf der Suche nach dem Widerhall.

Anhang

Unser Dasein als Persönlichkeit ist kein Geschenk; es ist unser unveräußerliches Recht.

Anmerkungen

[1] Maslow, A. H., *The Farther Reaches of Human Nature*, New York 1971

[2] Gandhi, M. K., *Autobiography, The Story of My Experiments with Truth*, Boston 1957, S. 338
Mohandas Karamchand *Gandhi:* »Mahatma Gandhis Autobiographie. Die Geschichte meiner Experimente mit der Wahrheit.« Alber Verlag 1960

[3] Linneberg, E. H., *On Explaining Language*, Science, 164, Nr. 3880, 1969

[4] Norton, D. L., *Personal Destinies*, Princeton 1976

[5] Rogers, C., *On Becoming a Person*, New York 1961, S. 187–192
Carl R. *Rogers:* »Entwicklung der Persönlichkeit: Psychotherapie aus der Sicht eines Therapeuten.« Klett Verlag 1976

[6] Nasr, S. H., *Ideals and Realities of Islam*, Boston 1972

Literaturverzeichnis

Es folgt ein kurzes Verzeichnis von Büchern, die für mich auf meiner Reise zur Entfaltung meiner Persönlichkeit eine Bedeutung gehabt haben. Die Liste ist keineswegs vollständig, und ich bin überzeugt, daß es noch eine ganze Reihe von Titeln gibt, die ihren Zweck erfüllt haben und die ich inzwischen vergessen habe. Deshalb sind sie hier leider nicht aufgeführt.

Es gibt andere Werke, mit deren Titeln der Leser diese Liste ergänzen könnte, was ich begrüßen würde. Dieses Literaturverzeichnis ist wie das ganze vorliegende Buch nur ein Beginn.

Leo Buscaglia

Allport, G., *On Becoming: Basic Considerations for a Psychology of Personality*, New Haven 1955
»Werden der Persönlichkeit. Gedanken zur Grundlegung einer Psychologie der Persönlichkeit.« Huber Verlag 1958

Assagioli, R., *Psychosynthesis: A Manual of Principles and Techniques*, New York 1972
»Handbuch der Psychosynthesis: angewandte transpersonale Psychologie.« Aurum Verlag 1978

Assagioli, R., *The Act of Will*, New York 1973, 1974

Axline, V. M., *Dibs: In Search of Self*, New York 1971
»Dibs. Die wunderbare Entfaltung eines menschlichen Wesens.« Scherz Verlag 1970

Baba Ram Das, *Be Here Now*, New York 1971

Berne, E., *What Do You Say After You Say Hello?* New York 1972, 1973
»Was sagen Sie, nachdem Sie guten Tag gesagt haben?« Kindler Verlag 1975

Bettelheim, B., *The Informal Heart: Autonomy in a Mass Age*,
New York 1960, 1971
»Aufstand gegen die Masse. Die Chance des Individuums in
der modernen Gesellschaft.« Szczesny Verlag 1964
Bettelheim, B., *Love Is Not Enough*, New York 1950
»Liebe allein genügt nicht.« Klett Verlag 1970
Blakney, B. (Hrsg.), *Meister Eckehart: A Modern Translation*,
New York 1941
Buber, M., *Between Man & Man*, New York 1965
»Ich und Du«, Schneider Verlag 1983
Buddhadasa, *Toward the Truth*, Philadelphia 1971
Camus, A., *The Myth of Sisyphus and Other Essays*, New York
1955
»Der Mythos von Sisyphos. Ein Versuch über das Absurde.«
Rauch Verlag 1950
Camus, A., *The Stranger*, New York 1946
»Der Fremde. Erzählung.« Rauch Verlag 1948
Castaneda, C., *Tales of Power*, New York 1975
»Der Ring der Kraft.« S. Fischer Verlag 1976
Chauduri, H., *Integral Yoga*, Wheaton 1974
Chung-yuan, C., *Creativity and Taoism*, New York 1963
Dubos, R., *Beast or Angel? Choices That Make Us Human*,
New York 1974
Egner, R. E., Dennon, L. E. (Hrsg.), *The Basic Writings of
Bertrand Russell*, New York 1961
Eiseley, L., *Firmament of Time*, New York 1960
Eiseley, L., *The Immense Journey*, New York 1957
»Von der Entstehung des Lebens und der Naturgeschichte
des Menschen.« Fischer Verlag 1969
Erickson, E. H., *Childhood and Society*, New York 1964
de Saint Exupéry, A., *The Little Prince*, New York 1971
Fromm, E., *Man For Himself: An Inquiry Into the Psychology
of Ethics*, New York 1947, 1968
»Psychoanalyse und Ethik.« Diana Verlag 1954
Fromm, E., *The Art of Loving*, New York 1956
»Die Kunst des Liebens.« Ullstein Taschenbuch Verlag 1959

Gasset, O., *On Love*, New York 1957
»Über die Liebe. Meditationen.« DVA 1960

Gasset, O., *Man and Crisis*, New York 1962
»Das Wesen geschichtlicher Krisen.« DVA 1951

Gasset, O., *Man and People*, New York 1963
»Der Mensch und die Leute.« DVA 1958

Gibran, K., *The Prophet*, New York 1972
»Der Prophet.« Walter Verlag 1984

Gillies, J., *Friends*, New York 1976

Hammarskjold Dag, *Markings*, New York 1964
»Zeichen am Weg.« Droemer/Knaur 1965

Harper, R., *Human Love: Existential and Mystical*, Baltimore 1966

Hesse, H., *Demian*, New York 1965

Hesse, H., *Siddartha*, New York 1976

Jourard, S., *The Transparent Self*, 2. Aufl., New York 1971

Jourard, S., Overlade D. C., *Disclosing Man to Himself: The Task of Humanistic Psychology*, New York 1968

Jung, C. G., *Man and His Symbols*, New York 1970
»Der Mensch und seine Symbole.« Walter Verlag 1968

Jung, C. G., *Memories, Dreams, Reflections*, New York 1963
»Erinnerungen, Träume, Gedanken von C. G. Jung« (Hrsg. von Aniela Jaffé) Walter Verlag 1971

Jung, C. G., *Modern Man in Search of a Soul*, New York 1962
»Mensch und Seele« Walter Verlag 1971

Jung, C. G., *The Portable Jung*, New York 1971

Kapleau, P., *The Three Pillars of Zen*, Boston 1967
»Die drei Pfeiler des Zen.« O. W. Barth Verlag 1981

Kazantzakis, N., *The Saviors of God*, New York 1960

Kübler Ross, E., *Death; The Final Stage of Growth*, Englewood Cliffs 1975
»Reif werden zum Tode.« Kreuz Verlag 1978

Kübler Ross, E., *Images of Growth and Death*, Englewood Cliffs 1976

Laing, R. D., *Politics of Experience*, New York 1976

Lao Tzu, *The Way of Life*, New York 1962

Leonard, G., *Education and Ecstasy*, New York 1968
»Erziehung durch Faszination.« Rowohlt 1973

Lindberg, A. M., *Bring Me A Unicorn: Diaries and Letters of Anne Morrow Lindberg*, New York 1972
»Bring mir das Einhorn. Jahre meiner Jugend.« Piper 1972

Lindberg, A. M., *Gifts From the Sea*, New York 1955
»Muscheln in meiner Hand.« Piper 1971

Maslow, A., *Motivation and Personality*, New York 1970
»Motivation und Persönlichkeit.« Walter Verlag 1977

Maslow, A., *Religions, Values and Peak Experiences*, New York 1970

Maslow, A., *Toward a Psychology of Being*, New York 1968
»Psychologie des Seins.« Kindler Verlag 1978

Matson, F., *The Idea of Man*, New York 1976

Matson, F., Montagu A. (Hrsg.), *Human Dialogue*, New York 1967

May, R., *Love and Will*, New York 1969, 1973

May, R., *Man's Search for Himself*, New York 1953, 1973

May, R., *Psychology and the Human Dilemma*, New York 1966
»Antwort auf die Angst: Leben mit einer verdrängten Dimension.« DVA 1982

Merton, T., *Conjectures of a Guilty Bystander*, New York 1968

Merton, T., *Mystics and Zen Masters*, New York 1969

Merton, T., *No Man Is An Island*, New York

Merton, T., *Zen and the Birds of Appetite*, Abbey of Getsemane Inc., 1968
»Weisheit der Stille. Die Geistigkeit des Zen und ihre Bedeutung für die moderne christliche Welt.« Barth Verlag 1975

Morris, C., *Varieties of Human Value*, Chicago 1965

Moustakas, C. E., *Loneliness*, Englewood Cliffs 1961

Moustakas, C. E., *Personal Growth: The Struggle for Identity and Human Values*, Cambridge 1969

Moustakas, C. E., *Portraits of Loneliness and Love*, Englewood Cliffs 1974

Murphy, G., *Human Potentialities*, New York 1958

Ornstein, R., *Psychology of Consciousness*, New York 1973
»Die Psychologie des Bewußtseins«. Verlag Kiepenheuer &
Witsch 1974

Otto, H., *Ways of Growth: Approaches to Expanding Awareness*, New York 1968, 1971

Paulus, T., *Hope for the Flowers*, Paramus 1972

Pearce, J., *The Crack in the Cosmic Egg*, New York 1971, 1973

Pearce, J. C., *Magical Child*, New York 1977

Perls, F. S., *In and Out of the Garbage Pail*, Moab 1969
»Gestalt – Wahrnehmung. Verworfenes und Wiedergefun-
denes aus meiner Mülltonne.« Flach Verlag 1981

Priestley, J. B., *Man and Time*, New York 1964

Reik, T., *The Need to be Loved*, New York 1963
»Das Verlangen, geliebt zu werden.« Kindler Verlag 1974

Reps, P. (Hrsg.), *Zen Flesh and Zen Bones*, Rutland 1957
»Ohne Worte, ohne Schweigen. 101 Zen-Geschichten und
andere Zen-Texte aus 4 Jahrtausenden.« Barth Verlag 1976

Reps, P., *Be!* New York 1971

Rogers, C., *On Becoming a Person*, Boston 1961
»Entwicklung der Persönlichkeit: Psychotherapie aus der
Sicht eines Therapeuten.« Klett Verlag 1976

Rogers, C., Stevens, B., *Person to Person: The Problem of
Being Human*, Moab 1967

Roosevelt, E., *Autobiography of Eleanor Roosevelt*, New York
1961

Roosevelt, E., *This I Remember*, Westport 1975

Roosevelt, E., *You Learn by Living*, New York 1960

Ross, N. W., *The World of Zen*, New York 1960

Russell, B., *The Conquest of Happiness*, New York 1930
»Eroberung des Glücks.« Holle Verlag 1951

Samples, R., Wohlford, R., *Opening: A Primer for Self Actua-
lization*, Reading 1974

Sartre, J. P., *Being and Nothingness*, Secaucus 1964
»Das Sein und das Nichts.« Rowohlt Verlag 1980

Satir, V., *Peoplemaking*, Palo Alto 1972
»Selbstwert und Kommunikation. Familientherapie für Be-
rater und zur Selbsthilfe.« Pfeiffer Verlag 1975

Schultz, W., *Joy: Expanding Human Awareness*, New York 1967, 1973

Schweitzer, A., *Albert Schweitzer: Anthology*, New York 1947

Schweitzer, A., *Light Within Us*, Secaucus 1959

Schweitzer, A., *Pilgrimage to Humanity*, Philosophy Library 1961

»Weg zur Humanität.« Reclam Verlag 1957

Selye, H., *Stress of Life*, New York 1956

Shah, I., *Wisdom of the Idiots*, New York 1971

Skinner, B. F., *Walden Two*, New York 1969

»Futurum Zwei.« Wegner Verlag 1970

Sorokin, P. A., *Ways and Power of Love*, Chicago 1967

Steven, B., *Don't Push the River*, Moab 1970

Storm, H., *Seven Arrows*, New York 1973

Suzuki, D. T., *Zen Buddhism*, New York 1956

»Die große Befreiung. Einführung in den Zen-Buddhismus.« Barth Verlag 1978

Teilhard de Chardin, P., *Phenomenon of Man*, New York 1959

»Der Mensch im Kosmos.« Beck Verlag 1965

Tillich, P., *Courage to Be*, New Haven 1952

Watts, A., *The Book: On The Taboo of Knowing Who You Are*, New York 1966, 1974

Watts, A., *The Way of Zen*, New York 1974

»Zen Buddhismus.« Rowohlt Verlag 1961

Wiesel, E., *Souls on Fire; Portraits and Legends of Hasidic Masters*, New York 1973

Yogananda, P., *Autobiography of a Yogi*, Los Angeles 1971

»Autobiographie eines Yogi.« O. W. Barth Verlag 1971

GOLDMANN VERLAG

Thorwald Dethlefsen

GOLDMANN VERLAG

Dr. Joseph Murphy

GRENZWISSENSCHAFTEN
ESOTERIK

Dr. Joseph MURPHY
Der Weg zu innerem und äußerem Reichtum
Ihr Denken gestaltet Ihr Leben

11767

GRENZWISSENSCHAFTEN
ESOTERIK

Dr. Joseph MURPHY
Das I-Ging-Orakel Ihres Unterbewußtseins

11757

ESOTERIK

Dr. Joseph MURPHY
LEBEN IN HARMONIE
Der Kosmos: Die unversiegbare Quelle Ihrer Kraft

11751

ESOTERIK

Dr. Joseph MURPHY
Die kosmische Dimension Ihrer Kraft
Positives Denken im Einklang mit dem Universum des Geistes

11755

ESOTERIK

Dr. Joseph MURPHY
Das Wunder Ihres Geistes
Ein Buch der Entdeckung und Wandlung

11739

ESOTERIK

Dr. Joseph MURPHY
Die Gesetze des Denkens und Glaubens
Sie werden, was Sie denken und glauben

11734

ESOTERIK

Dr. Joseph MURPHY
Die unendliche Quelle Ihrer Kraft
Ein Schlüsselbuch positiven Denkens

11736

Joseph Murphy, Dr. theol., jur., rer. nat., verstorben im Dezember 1981, vermittelte seit mehr als einem Vierteljahrhundert durch persönliche Beratung und öffentliche Vorträge unzähligen Menschen in aller Welt das Vertrauen in die Kraft des menschlichen Geistes. Seine Bücher wurden in mehrere Sprachen übersetzt und erreichten Auflagenziffern von über einer Million. Sein Studium der Weltreligionen hat ihn davon überzeugt, daß allem Leben eine universelle Kraft innewohnt.

Spirituelles Erwachen

GOLDMANN

Der Sachbuch-Verlag

Die Welt entdecken, das Unbekannte begreifen. Die Sachbücher von Goldmann eröffnen dem Leser das ganze Spektrum des Wissens – fremde Kulturen, Wissenschaft und Gesellschaft, Religion und Psychologie im Brennpunkt packender und sachverständiger Texte.

Goldmann · Der Taschenbuch-Verlag

Lust und Liebe

Alexander Lowen
Lust
10367

Alexander Lowen
Liebe und Orgasmus
11356

GOLDMANN

GOLDMANN TASCHENBÜCHER

Fordern Sie das kostenlose Gesamtverzeichnis an!

Literatur · Unterhaltung · Bestseller · Lyrik
Frauen heute · Thriller · Biographien
Bücher zu Film und Fernsehen · Kriminalromane
Science-Fiction · Fantasy · Abenteuer · Spiele-Bücher
Lesespaß zum Jubelpreis · Schock · Cartoon · Heiteres
Klassiker mit Erläuterungen · Werkausgaben

****

Sachbücher zu Politik, Gesellschaft,
Zeitgeschichte und Geschichte; zu Wissenschaft,
Natur und Psychologie
Ein Siedler Buch bei Goldmann

****

Esoterik · Magisch reisen

****

Ratgeber zu Psychologie, Lebenshilfe,
Sexualität und Partnerschaft;
zu Ernährung und für die gesunde Küche
Rechtsratgeber für Beruf und Ausbildung

Goldmann Verlag · Neumarkter Str. 18 · 8000 München 80

Bitte senden Sie mir das neue Gesamtverzeichnis.

Name: _____

Straße: _____

PLZ/Ort: _____